AF398393

FSC
www.fsc.org
MIXTO
Papel procedente de
fuentes responsables
Paper from
responsible sources
FSC® C105338

EL LABERINTO DEL AMOR

Amarse, Amar y dejarse Amar,

Por Uno mismo, por el Otro,

Y por la Vida misma …

©2025 PHAN, Micheline Minh Tâm
www.michelinephan.com
Asesor de publicaciones: Gérald Vignaud
Maqueta de portada y fotografía.: Florence Renaud
Revisión y corrección versión en español: Miguel Jimenez
Revisión y corrección en francés: Arlette Bellanger
Diseño de audiolibros en francés: Laurent Roger
Portada del audiolibro francesa: Yasmine Lawani
Grabación de audiolibros en francés: Micheline Minh–Tâm Phan
Diseño y fotos: Micheline Minh–Tâm Phan
BoD Francia: Catherine Bolssens
BoD España: Beatriz Marín Pinar

Reservadostodoslosderechos
ISBN: 978-8-4109-2026-2
Editorial: BoD · Books on Demand, Calle de Manzanares,
4, 28005 Madrid, bod@bod.com.es
Impresión: Libri Plureos GmbH, Friedensallee 273,
22763 Hamburg (Alemania)

Micheline Minh–Tâm Phan

EL LABERINTO DEL AMOR

*Amarse, Amar y dejarse Amar,
Por Uno mismo, por el Otro,
Y por la Vida misma …*

Prefacio de Gérald Vignaud

Tuve el privilegio de conocer a Micheline hace unos años. Ella entonces estaba participando en un seminario en el cual yo estaba hablando. Hay una energía muy sana y poderosa en esta mujer; Micheline es un ser de Amor cuyo único enfoque es dar, compasión y curación.

Cuando Micheline me pidió que escribiera el prefacio de su libro, fue para mí un gran honor. Micheline no sólo comprende y siente cosas que pocas personas pueden percibir, sino que, sobre todo, tiene una capacidad única para compartirlas.

"Laberinto del Amor" es un libro magnífico, un testimonio personal y espiritual que explora el camino hacia el amor a uno mismo, a los demás y a lo Divino.

Espero que este libro tenga en usted el mismo impacto que tuvo en mí.

Gérald Vignaud
Autor, Coach y Orador

Dedicatoria

Dedico este libro:

A los que cargan con una ansiedad invisible al mundo,

A los que buscan su lugar,

A aquellos que se sienten incomprendidos dentro de su familia,

A aquellos que sienten una culpa persistente por lo que han hecho o no hecho, dicho o no dicho,

A los que no se han atrevido a vivir y amar ni a dejarse amar,

A aquellos que se sienten tentados a renunciar al amor,

A aquellos que desconocen su belleza interior y se creen indignos o incluso "feos",

A aquellos que subestiman o no perciben los murmullos de su cuerpo.

Gracias por comprar este libro. Me ayudas a contribuir con mis derechos de autor a la Asociación Amigos del Camino de Santiago por Valdeorras.

Preámbulo

¿Cómo surgió este libro y cuál es su objetivo?

"¡Este libro vino al mundo por sí solo en 9 meses y 9 días!"

Escribir un libro sobre mi historia personal y publicarlo estaba muy lejos de mis planes, menos aún de mis intenciones.

Desde mi juventud me ha encantado leer y escribir. Una noche, una amiga con quien comparto algunos de mis textos y poemas sobre el amor, me sugirió publicar todos los días en Facebook e Instagram. Sin embargo, ella olvidó que no estoy en "redes sociales".

A la mañana siguiente, sin saber por qué, comencé a recopilar mis poemas y a escribir. La inspiración viene por sí sola. Me siento guiada y así será a lo largo de este libro.

Y entonces llegan **unas ayudas inesperadas para que el libro pueda completarse y publicarse**. Especialmente Arlette, Florence, Francis, Gérald, Laurent, Miguel, Yasmine.

"Os doy las gracias más allá de lo que mi corazón puede expresaros".

A partir de entonces, me imagino publicarlo en edición papel y luego como libro electrónico. Y por qué no, como un audiolibro leído por mí misma para personas con discapacidad visual o quienes prefieren escuchar. Personalmente escucho audiolibros de vez en cuando y lo encuentro muy conveniente.

Gérald, que me sigue desde Nueva Zelanda, me aconseja autopublicar con BoD. Me estoy registrando.

Gracias al equipo de BoD y especialmente a Catherine y Beatriz Marín Pinar. Los derechos de autor ahora se vuelven concretos.

¿Para qué los usaré?

En primer lugar, fue para agradecer a algunos de mis profesores, el Dr. Joe Dispenza, Jean Pelissier y Michel Destruel, cada uno de ellos tiene una asociación humanitaria.

Para Francia, elegí la Asociación Healing Buddha Compassion Project, fundada por Phakyab Rinpoche.

https://healingbuddhafrance.org/projet-compassion/

Para España, habiendo viajado con alegría y hecho hermosos encuentros en el Camino, deseo contribuir a las Asociaciones del Camino de Santiago para ayudar a los albergues en donaciones y permitir que más peregrinos completen este Camino.

"El Camino es la Vida".

Es a esta Asociación Amigos del Camino de Santiago por Valdeorras, su Présidenta Asunción Arias Arias a la que deseo dedicar mis derechos de autor y como está escrito: https://www.caminodeinvierno.es/fr/home

"Cada gota de agua contribuye al océano".

Indice

Algunas sugerencias para tu lectura

En mi camino me di cuenta de la importancia del cuerpo como primer paso para conquistar el amor propio.

Siendo mi práctica la osteopatía y los meridianos chinos, ofrezco, después de ciertos capítulos, una pausa de unos minutos de automasaje guiada **para reconectar con tu cuerpo.**

Para estos interludios de descanso, te recomiendo que traigas una mascarilla de descanso para tus ojos. Un pañuelo también puede servir, ya que el objetivo es que tus ojos descansen y estén en la oscuridad. **No basta con cerrar los ojos.**

Durante la orientación, utilizo la familiaridad. Antes de cada ejercicio, es importante energizar tus manos frotándolas alineadas al nivel de tu corazón hasta sentir calor u hormigueo, **señal de que la energía está llegando a tus manos.** También puedes planear beber caliente para ayudar al cuerpo a relajarse.

Estos breves ejercicios de automasaje **sólo tienen como objetivo relajar el cuerpo y el cerebro.**

Si lo deseas, antes de leer o escuchar, trae algo para escribir. Cuando los pasajes resuenen contigo, confía en tu escritura inspirada en el momento.

Te deseo buenos momentos contigo mismo. Gracias.

Micheline Minh-Tâm

LOS PASOS DE MI LABERINTO: DE LA CONCIENCIA A LA RECONCILIACIÓN CON EL YO DIVINO

Amor Divino que fluye libremente
Se apoya en seres dormidos,
Para despertar sus Almas.

Desde la Conciencia del Cuerpo Domado,
Del cuerpo al corazón reconciliados,
Del cerebro tranquilo,
Surgirá la Magia de la Fusión íntima con la Vida.

Invitación a la Reconexión con nuestro Ser Divino.

PRIMERA PARTE

El Jardín Botánico de Calda del Reis
Camino Portugués de Santiago de Compostela

"La Verdad es un país sin Camino".

~Khrisnamurti~

Prefacio

Cada día sin alegría, sin risas,
Sin amor a uno mismo ni al mundo,
Es un día de felicidad perdido.

CONÓCETE A TI MISMO: PARA YA NO HACERTE DAÑO, JUZGARTE, NI JUZGAR NI DAÑAR AL OTRO.

Mi agradecimiento a las miles de personas que me han acompañado en mi camino, durante un minuto, una hora, un día, un mes o más.

Todos ellas me hicieron crecer y convertirme en quien soy ahora. No siempre he medido su impacto en mi vida. Cada vez soy más consciente de todo lo que me han dado. **Fueron una ayuda del destino para mí.** Espero ser un ayudante de destino para ellos y poder enriquecer sus vidas. Ellos contribuyeron a que me atreviera a reconocerme y convertirme en quien quiero ser: una gota de agua en el océano del Universo, proveniente de la Fuente Divina.

A través de este libro, testimonio íntimo de mi Laberinto de Amor, deseo compartir mi camino desde el desamor de uno mismo al amor a uno mismo y a los demás hasta este sentimiento de plenitud y gratitud infinita. **Nuestro Ser interior desde la Fuente es parte integral del TODO. Indiferenciado, es al mismo tiempo singular como una gota de rocío, un copo de nieve, una ola en el mar.**

Antes de descubrir mi Laberinto del Amor, a menudo me sentía incomprendida, injustamente tratada y no amada. No hablaré de mi historia de forma lineal. Prefiero compartir mi comprensión de los pasajes de la vida que revelan **el ser en todas sus dimensiones**.

- **Cruces muy fuertes** de desamor a uno mismo o al otro.
- **Etapas claves** donde me doy cuenta de cuánto sabe la Vida antes que nosotros.
- **La importancia del cuerpo**, para guiarnos hacia un primer paso en el amor a sí mismo.

Descubro que **el cuerpo sabe antes que nuestra mente**, antes que nuestra conciencia. **Que todo lo vivido sirve a un propósito mucho mayor que nosotros, y que aparece en un momento inesperado**. Esta es mi revelación.

Día tras día domino el encuentro con mi alma. Me ocupo de vivir con un corazón cada vez más grande, más abierto. Descubro la generosidad de la Vida. Siento que estoy inmersa en una inmensa abundancia de amor, amistad, intercambio y conexión humana y divina.

Me aseguro de experimentar amor, gratitud y servicio dondequiera que esté y con quien sea. Me aseguro de estar alegre y agradecida por todos los regalos que recibo cada día en mi camino. **Es un proceso que continúa evolucionando.**

Después de la conclusión, si te apetece, más que agradecer, prefiero llevarte a vivir mis anécdotas con "mis ayudantes de destino" y **el deseo de compartir contigo su misión de vida con su autorización**.

Gracias por ofrecerme tu curiosidad y tu confianza.

Micheline, Minh–Tâm
Navidad 2023

Vivir es Crear,
Crear para transmutar el sufrimiento,
Crear felicidad para honrar la Vida.

La Meseta del Camino Francés de Santiago de Compostela

Avanzar en el Camino, paso a paso
En la exploración interior y exterior.

*Priaranza del Bierzo del Camino Francès
del Camino de Compostela*

Capítulo 1 – Experimentar el no amor

Mi nombre es Micheline, Minh-Tâm, vietnamita nacida en el Hôtel Dieu de Paris Notre-Dame. Celebré mi cumpleaños en la primavera de 2021 en una burbuja de tres días de silencio total, para comprender mi vida, mi pasado, mi familia, hacer un balance y crear un futuro brillante.

Mi vida ha sido emocionalmente caótica. A nivel físico y material, estaba bastante sobreprotegida como en un capullo protector.

La primera parte de mi vida comenzó con secretos para proteger a la frágil niña que yo era. A los once meses me hospitalizaron por ataques convulsivos y me pusieron un tratamiento con Gardenal, que debería haber tomado toda mi vida.

Al no poder mi madre cuidarme, mi prima-hermana, desde los diez años, me cuidó desde que nací. Quiso cumplir con la promesa que le hizo a mi madre, que murió cuando yo tenía catorce años, de educarme social y espiritualmente. Mi iniciación a la vida no fue fácil todos los días.

No habría adquirido cierta madurez sin su promesa cumplida contra viento y marea. No habría conocido el amor sin experimentar el odio. Ella misma tuvo una vida difícil y era muy valiente.

El "silencio familiar" que me impulsó en mi búsqueda por comprender la humanidad y las relaciones generó en mí una necesidad de soledad y lectura. Las mentiras han moldeado mis creencias y, en consecuencia, mis comportamientos.

A la Vida le gusta que la verdad sea revelada.

Mi padre en los documentos oficiales no era mi padre, sino mi tío. Tampoco era el "marido" de mi madre, aunque legalmente lo era. Era sólo la fachada de un matrimonio concertado. No entendía por qué el hombre que creía que era mi padre dormía entre mi madre y mi tía. Al haberme criado en una familia francesa hasta los seis años, lo atribuí a la cultura asiática. Sin embargo, me sentía incómoda en la escuela. Sentí que mi familia no era normal.

Ocultar la verdad a los niños, pensando en protegerlos, es una fuente de construir una vida sobre arenas movedizas con rumbos erróneos.

Como **adulto**, ignorar que en lo profundo de nosotros hay **un área de oscuridad y otra de luz**, como el día y la noche que son inseparables, nos impide aceptarnos a nosotros mismos, amarnos, experimentar la alegría, la paz, la serenidad y el equilibrio.

Yo misma no lo sabía. Yo misma no me entendía. No me atrevía, e incluso me negaba, a sentir emociones de tristeza o ira. Ahora los chicos, las chicas tienen derecho a existir y les doy la bienvenida.

La astucia de mi mente, a la que le encanta justificarse y tener razón, siempre encontró un culpable: ¡yo misma u otra persona!

Aprendí a aceptar a estar triste o más bien a dejarme vencer por la tristeza o el enfado, sin juzgarme ni responsabilizar a nadie. Todo esto se ha vuelto parte del clima emocional de mi humanidad.

La tristeza o la ira pueden provenir de un pasado vivido y no comprendido, de una sensibilidad hacia las experiencias de quienes nos rodean, hacia lo que sucede en el mundo o en la Naturaleza.

Finalmente aprendí a seguir mis emociones mientras me aseguraba de no herir, lastimar a nadie. A nivel puramente físico, la emoción dura unos minutos si no la retengo y no dejo que mi mente la mantenga.

Volviendo sobre mi camino, deduzco cómo mis creencias y la incomprensión de quién soy han creado sufrimiento y me han impedido amar de verdad. Sin embargo, este camino me permite hoy conocer la maravillosa experiencia del amor.

Luché por convertirme en una persona mejor. Quería adaptarme a las ideas, a los estándares de amor de las otras personas. Tenía que ser "normal" para ser aceptada y amada.

Vivía entonces una paradoja incomprensible, fuente de sufrimientos y de incomprensiones. Desde ahora acepto esta parte de mi sombra y de mi luz.

Tengo una gran capacidad de empatía lo que me permite conectar muy rápidamente con los demás. Puedo tutear a alguien, hablar informalmente con alguien en tres minutos, simplemente porque "siento" la conexión más allá de cualquier etiqueta. Esto puede ser aterrador y llevarme a creer que necesito amor, que soy emocionalmente dependiente y que voy a aferrarme a la persona.

También tendía a decir Sí a todo, incluso si no coincidía con lo que mi corazón decía o quería. Me juzgaron sin personalidad, hipócrita, manipuladora y veleta. De hecho, comprendía los diferentes puntos de vista de unos y otros. Lo aceptaba sin una reflexión profunda por mi parte. Estaba tratando de aplicar una cita que leí cuando era adolescente: *"comprender todo es perdonarlo todo"* Guerra y paz" de León Tolstoi.

Etiquetada por algunos como totalmente dependiente, o totalmente individualista y para otros sin compasión, vivía en constante confusión. La duda y el estrés carcomían mi mente, mi corazón y mi cuerpo, para responder a la incesante pregunta: "¿quién soy yo en realidad?": ¿Lo que los demás creen que soy o lo que creo que soy realmente"? En ambos casos siempre hay una pizca de verdad.

Lo que supe y experimenté con claridad, cuando, una vez que la persona estaba fuera de mi presencia, no sentía ningún sentimiento de carencia hacia ella. Ya sea un niño, un padre, un amigo, un cónyuge, e incluso si estos seres morían.

Me juzgué, me sentí culpable y me condené por no sentir ninguna carencia ni tristeza a la muerte de mi madre a quien nunca vi feliz, de mi primer hijo, de mi abuela y de mi sobrino que se fue a los siete años y medio después de una operación a corazón abierto.

Debido a estos sentimientos, creía que no los amaba. Me comparaba constantemente con todos aquellos que sufrían mucho, inconsolables por la pérdida de un ser querido. Incluso los envidiaba por sufrir así, porque me parecía amor verdadero y algo normal.

Llegué al punto de ya no saber lo que significaba amar. Seguía deseando poder decirme a mí misma: "¡Vale! Por fin sé amar; Podré ser amada y experimentar la felicidad".

Me vi con la "etiqueta" según el juicio de quienes me rodeaban: inhumana, desalmada, seductora, celosa, envidiosa, copiosa, no sabe cuidarse, sin personalidad... hasta el punto de ser comparada en determinadas circunstancias a Darth Vader (La Guerra de las Galaxias) o a Golum (El Señor de los Anillos).

"No sabe cuidarse a sí misma". Ayudar o apoyar a una persona puede ser de gran ayuda para permitirle recuperar fuerzas o ver las cosas de otra manera para poder seguir adelante.

La ayuda sobre-protectora sería como darle una muleta permanente a un niño que está aprendiendo a caminar y cuyos padres no quieren que se caiga o se lastime. Así experimenté yo la ayuda familiar. Sobre todo, porque no tenía fuerzas para rechazar la ayuda, creyéndome tan impotente e incompetente.

A veces me instalaba en mi propia autoestima, a veces reaccionaba como una adolescente rebelde. Vivía permanentemente instalada en la comparación y la autocrítica.

¡Todavía! NADA correspondía a mis sentimientos profundos. Ya no lograba expresarme, ahogada en una nube de creencias y juicios de los demás sobre mí y de mí sobre mí misma. Además, ¡mi comportamiento les daba razón! Mi culpa y mi miedo de ser rechazada me hicieron someterme a su juicio, que tomaba al pie de la letra.

No estaba para nada alineada con mi ser profundo.

Todavía hoy me pregunto: **¿cómo pude haberme negado hasta ese extremo?** ¿Simplemente por mandato interno de lealtad hacia una autoridad que se consideraba toda poderosa?

Esta pregunta se volvió aún más crucial cuando descubrí a **RA URU HU**, fundador del concepto de Diseño Humano, *"una forma de comprender los mecanismos de la naturaleza del ser, la Ciencia de la Diferenciación"*. Según la lectura de esta fórmula, llevo la vibración de la "Cruz de la Encarnación del Ángulo Recto del Nave del Amor".

La comparación y el juicio sobre uno mismo son contrarios a la ley del amor a uno mismo y a los demás.

Hoy puedo considerar otra lectura de esta etapa de mi vida:
- ¿Es ésta mi cultura budista de reencarnación?
- ¿Es este mi recuerdo de un mundo de luz?
- ¿Este conocimiento proviene de otro lugar?

Era consciente de que cada persona que deja la tierra vive en otro mundo. Sólo su cuerpo físico ya no es visible a nuestros ojos.

Su energía siempre puede estar presente si nuestro corazón así lo desea. ¿Pero es ésta la realidad emocional que se experimenta en nuestras células?

En mi propia familia, cuando yo tenía seis años, mi madre permanecía a menudo en el hospital. Desde los ocho años trabajé en el restaurante familiar. Tomaba pedidos de los clientes y pelaba las verduras. Mi madre estaba descansando sola en el piso de arriba.

¿Me protegí del dolor de no haber estado cerca de mi madre? El futuro me revelará, en 2015, durante una sesión con mi Mentor, que mi cuerpo había sentido una ira y un dolor inmensos a la muerte de mi madre, nunca expresados ni tomados en cuenta, simplemente enterrados.

En ese momento me di cuenta de que no estaba triste, sino más bien aliviada por mi madre, que había estado enferma durante muchos años, por mi abuela, a quien acababan de amputarle una pierna a los setenta y seis años, y por mi primer hijo nacido con la enfermedad de un labio leporino. Temía que la sociedad lo rechazara por su diferencia y que nunca fuera feliz. ¡Qué creencia tan inmadura cuando tenía veintitantos años! Mi hijo mayor era un niño tan hermoso cuando nació...

Mi sobrino nació con una malformación cardíaca/pulmonar. Nunca lo vi comer ni caminar. Nunca lo escuché llorar ni hablar. Mi prima lo crió, lo alimentó y lo cuidó con valentía, negándose a ingresarlo en un instituto. Cuando dejó la vida terrena, sentí alivio tanto por mi prima como por él mismo.

No entendía el dolor de mi prima. Y le dije palabras hirientes por ser la madre que era. Eso nos marcó a ambas y creó mucho dolor y culpa.

Cuando se anunció la fecha del funeral, le respondí a mi prima. "*No puedo volver a París, es la vuelta a la escuela y nunca he estado cerca de tu hijo*".

Entonces no fui al funeral, ni al de mi abuela, ni al de mi propio hijo mayor.

¿Por qué? Simplemente porque escuché la autoridad paterna. Diez días después debía asistir al funeral de mi abuela, el parto de mi hijo estaba previsto. En el funeral de mi hijo mayor, la costumbre de la familia asiática era que una joven se tumbara durante un mes entero sin moverse ni salir.

Entonces fueron mi prima y su esposo quienes se encargaron de todos los arreglos y asistieron al entierro de mi hijo mayor.

De estos episodios de la vida, cargué con una culpa inmensa. Incluso dejé de participar en la atención osteopática que se brinda a niños con discapacidad.

A mi prima le resultaba impactante y repugnante que yo pudiera cuidar de estos niños y de sus padres mientras yo era totalmente inhumana, insensible a su dolor y al de sus otros dos hijos.

Acepté que ella tenía razón. Entonces dejé de dar sesiones durante muchos años. Esto justificaba ampliamente el juicio de que yo no tenía corazón y, por tanto, ningún derecho espiritual para acercarme a esta categoría de pacientes, ni siquiera pretender hacer el bien a nadie.

Tuve que abrir mi corazón, tener compasión antes de permitirme poner las manos sobre alguien. Como no me considero en absoluto una terapeuta, seguí esta directiva sin reservas. A mi pesar, sentí mi corazón perturbado y en conflicto con mi "obediencia".

La vida siempre se ocupa de restablecer lo que nuestra alma debe hacer. El futuro me lo confirmará.

Con madurez comprendo mejor la tristeza o el enfado de quiénes se quedan con toda la turbulencia emocional, psicológica y material que esto puede provocar. Muy rara vez me siento triste por la persona que deja la tierra.

La vida en la tierra, en mi opinión, es magnífica; y al mismo tiempo ardua y dolorosa. Es muy natural para mí ser neutral o incluso alegre cuando un ser deja la vida terrenal.

Sin embargo, entiendo el choque que una muerte violenta e inesperada provoca en el entorno familial. *"Les Thanatonautes"* de Bernard Werber me impactó y fue la revelación de una hipótesis sorprendente. Transcribo aquí un pasaje que recuerdo de memoria.

Espero no distorsionar demasiado los pensamientos del autor, ya que ya no tengo su libro. "Estas personas han 'elegido' muertes masivas debido a desastres o accidentes naturales o provocadas por el hombre para recibir la energía de la compasión en apoyo de su evolución espiritual."

Soy muy consciente de la importancia de dejar la tierra con un corazón y una mente en paz. Por eso, me aseguro de que mis palabras y mis acciones puedan generar la máxima paz para mí, así como para los demás, y especialmente para los enfermos o los ancianos.

Al observar la Naturaleza, aprendo a aceptar el ciclo de mis emociones, mis pensamientos y los acontecimientos que pasan por mi vida o que suceden fuera de mí.

> **La Vida siempre quiere devolvernos la conciencia de nuestro ser original, con la ayuda del Tiempo.**

La Vida nos trae experiencias de alegrías, de tristezas, de torbellinos, de tormentas y de cielos lluviosos con su arcoíris.

Un recordatorio de que **la Vida es lluvia y sol**, a veces simultáneamente, y otras veces una cosa y otra. La naturaleza es paciente y conmovedora, aunque lo que sucede bajo tierra sea invisible.

Al comienzo del viaje de nuestra vida, no tenemos idea de que en lo profundo de nosotros existe un lugar de paz y amor para nosotros y para los demás. Estamos como anestesiados, sin conciencia de nuestra naturaleza profunda y de nuestra bondad natural.

Además, en nuestro camino, las turbulencias nos perturban, nos maltratan, nos revuelven, de modo que en un momento dado vienen a despertarnos de mil y una maneras, únicas y específicas a cada uno de nosotros.

> **El Amor vigila y dirige a cada persona.**
> **en un momento de su vida para encontrar su propio amor.**

Cuando era adolescente, me fascinaba el patinaje artístico en parejas. De repente uno de ellos cayó y se volvió a levantarse. Continuaron su baile y la competición. ¡Cuántas horas de trabajo fueron necesarias para lograr estos espectáculos de armonía y gracia!

¡Cuánta confianza en uno mismo y en los demás, cuánta humildad también para caer, levantarse y seguir sonriendo delante del público y del jurado!

**Se suele decir que las dos emociones primordiales
son el amor y miedo.**

En el fondo, ¿sabemos realmente cómo se manifiesta el miedo o el amor? ¿Somos lo suficientemente conscientes de sus manifestaciones?

¡Tenemos tanto miedo los unos de los otros!

Una parte de nosotros está tan aterrorizada por el riesgo de ser rechazados o abandonados y de no recibir el amor, nuestra fuente de vida. Así, entramos en una espiral de manipulación de nosotros mismos primero, luego del otro, en un círculo no virtuoso, que da vueltas y vueltas y se perpetúa a sí mismo.

**¿Estamos realmente vivos si no estamos enamorados de
nosotros mismos y de los demás?**

¿Cómo podría darme cuenta de que estaba en el laberinto del odio a mí misma y contribuyendo así a mi propio sufrimiento?

Noté, tanto para mí como para todos, la dificultad de permitirse hacer el bien, de ser profundamente feliz, de aceptar ser actor, actriz, de la propia felicidad y bienestar.

Fui una bulímica de prácticas para convertirme en una persona mejor hasta que me volví insegura económicamente. Busqué incansablemente fuera de mí, sin cuestionarme nunca en profundidad.

Durante los diferentes cursos que seguí, observé que cada persona recibía las enseñanzas de manera diferente. Las palabras siempre se filtran a través de la experiencia personal. Para cualquier expresión escrita, leída o hablada, cada persona consciente o inconscientemente dará o recibirá su propia interpretación.

Todas las experiencias están engramadas, memorizadas en el cuerpo, en el corazón y en la mente.

El lenguaje conlleva ambigüedad, una fuente de incomprensión y, por tanto, de sufrimiento.

Estuve irritada durante mucho tiempo por lo que escuché. Observé la forma de vivir de los adultos. Eso me parecía contradecir sus palabras o lo que intentaban enseñarme.

En determinadas circunstancias, también experimentamos nuestras contradicciones e incoherencias. Por eso, es perjudicial y sobre todo contraproducente juzgarse a uno mismo o a los demás.

Un padre se cree muy tolerante y de mente abierta. Sin embargo, se niega a permitir que su hija se case con un hombre negro, un asiático, un católico, un musulmán, un judío… muy bien mencionado con humor en la película "Pero ¿qué le he hecho al Buen Dios? "

Desarrollé cierto distanciamiento hacia ciertas palabras de los adultos cuando era niña y luego cuando me convertí en adulta.

Mi niña interior rechazaba a cualquier adulto autoritario y desconfiaba de cualquier adulto amable. El uno quería educar mi forma de pensar y de ser. El otro quería guiarme, para que yo pudiera ser objeto de compensación por su vacío: emocional, psicológico, emocional o incluso físico.

Ni siquiera podía confiar en que mi propio cuerpo supiera cómo protegerme. Tuve crisis nerviosas: ataques convulsivos que me hacían desmayarme en cualquier lugar, en cuanto surgía una emoción fuerte.

A los catorce años rechacé el tratamiento que me impusieron: tomar Gardenal de por vida. Sin decirle nada a nadie, decidí en silencio dejar de tomar este medicamento. Me tomó tres años deshacerme completamente de él y ya no tener ataques. Sin embargo, seguía siendo un poco aprensiva cuando me enfrentaba a situaciones desconocidas o cargadas de emociones.

Entonces, para evitar cualquier emoción, desarrollé una estrategia ganadora en ese momento: no decir nada, no expresar nada, no molestar a nadie y protegerme lo más posible de cualquier conflicto.

Encontrar significado a mi experiencia era fundamental, incluso si ciertos elementos o eventos de la vida no son inmediatamente descifrables.

Sólo después de los sesenta comencé a caminar de manera diferente y consciente por el "camino hacia la paz para uno mismo y en uno mismo".

Pensé que me sentía tranquila y zen y lo estoy. Ya sea en mi entorno profesional o amistoso, todo sucede en armonía y atención mutua. No sentía sufrimiento, excepto en mis relaciones familiares donde me sentía confusa, perdida, incluso llena de odio, aunque sabía que esa no era mi naturaleza.

Una mañana al despertar recibo este poema: *"El laberinto del miedo"*

La falta de conexión con la Fuente Divina,
Conduce a la autocrítica,
La autocrítica conduce a la culpa,
La culpa lleva al miedo,
El miedo lleva a la envidia, a los celos, a la vergüenza.

¿Salir del Laberinto?...
El regreso a la Simplicidad,
Que conduce a la inocencia del Corazón original,
Dar a luz a lo Divino en Uno mismo.

El autoconocimiento conduce a la Acogida,
La Acogida conduce a la Alegría,
La Alegría conduce a la Paz dentro de Uno mismo
y con el Mundo.

¡"Regreso a la Simplicidad" que me interroga! ¿Qué es la simplicidad? ¿Por dónde empezar? Después de unos días de cuestionamiento, recibí una vía para explorar: el camino del cuerpo, para reconciliar el corazón y calmar el cerebro.

Encuentro un sentido que se ajusta con mi formación y mis prácticas en osteopatía y salud natural.

**"Del control del Cuerpo,
A la Reconexión con el Corazón "**

Al mismo tiempo, empiezo a cuestionar mi relación real con mi cuerpo, recordando que cuando era adolescente lo odiaba. Atraía algunas miradas inapropiadas; mi cuerpo de trece años parecía al de alguien de dieciocho años, con los pechos de una adulta. Además, mi cuerpo no cumplía con los estándares de belleza andróginos de la época de Jane Birkin.

Finalmente, ¿quién es nuestro cuerpo, ¿cómo funciona? ¿Qué nos dice? ¿Cómo lo tratamos? ¿Qué relación tenemos con él?

¿Es un objeto valioso o simplemente un esclavo a nuestras órdenes? ¿Es algo a mostrar o una joya preciosa? ¿Es un enemigo, un amigo o un esclavo al que hay que entrenar, maltratar y hacer sufrir?

¿Y si por una vez empezáramos a valorarlo como a un compañero al que hay que mimar, para que nos apoye en nuestros proyectos de vida y en nuestro bienestar? ¿Podemos venerarlo?

Cómo reconciliarnos con nuestro cuerpo
¿Para que se sienta feliz de servir a nuestra vida?

Muchas veces funcioné como desgarrada: ¡¡¡mi cabeza queriendo una cosa, mi cuerpo otra y mi corazón otra!!!

Mi cabeza quiere comerse un plato, aunque mi cuerpo sabe que no es bueno para él: (demasiado graso, demasiado salado, demasiado dulce). Además, no se respeta la fisiología de la digestión y absorción de nutrientes.

Mi corazón quiere dulzura y comida para compensar un vacío existencial. Mi alma sabe que hay otra manera de nutrir mi corazón.

Pero la mayoría de las veces es mi cabeza la que gana, es más fácil.

¿Pero quién controla realmente mi cabeza?
¿Mi ego? ¿Mis hábitos? ¿Mi pereza? ¿Mis miedos?

Tomemos el ejemplo de una persona cuyo cuerpo no se ajusta a los estándares de belleza de la sociedad y quiere adelgazar. ¿Cómo lo hace? ¿Cuál es su profunda motivación?

¿Quiere adelgazar para recuperar el bienestar por amor a sí misma? ¿Quiere perder peso porque su cuerpo es una barrera para su necesidad de sentirse valorada, por su necesidad de seducción o incluso de acceder a la posición deseada cambiando la forma de como los demás la ven?

Es triste que determinadas profesiones no sean accesibles para todas las formas corporales, especialmente en profesiones donde la apariencia tiene prioridad. Saludo a Johannes Hendrix Hubert de Mol, holandés, creador de "la Voz" con sus audiciones a ciegas.

Todos tienen la oportunidad de ser seleccionados por su voz y no por su físico.

Las personas que dejan que sólo su cabeza controle su cuerpo se predisponen al agotamiento. Su cuerpo se ha convertido en un esclavo que debe obedecer a sus necesidades de productividad y perfeccionismo. ¡Sin descanso, sin excusas, solo sigue órdenes! En la película "La Tresse", Sarah, la reconocida abogada (Kim Raver), lo ilustra magistralmente.

¿Y el Corazón en todo esto? Bueno, se deja llevar, se calla, se encoge de miedo hasta que renuncia a hacerse oír.

¿Por qué maltratamos nuestro cuerpo?

No respetamos ni sus necesidades ni su fisiología. ¿Tendríamos la idea de utilizar una herramienta sin conocer las instrucciones?

¿No es nuestro cuerpo el instrumento más sofisticado y perfeccionado a nuestro alcance?

¿Hemos tenido la suficiente curiosidad como para intentar entender cómo funciona?

¿Cómo reconectamos con nuestro cuerpo para reconciliarnos con nosotros mismos? ¿Cómo podemos redescubrir nuestra naturaleza divina original a través del amor a sí mismo?

¿Es posible amarse y dejarse amar, dejando de lado el cuerpo?

Todo ha quedado memorizado, grabado en nuestras células, tanto nuestras alegrías como nuestras tristezas.

"Tu cuerpo es precioso.
Es tu vehículo para el despertar. Cuídalo".
~Buda~

Nuestro cerebro sabe muy bien gobernarnos. Sin embargo, **¿nuestro cerebro/mente está al servicio de nuestro corazón o de nuestras creencias y miedos?**

Nelson Mandela nos recuerda:
"Que tus elecciones reflejen tus esperanzas,
No tus miedos ".

¿Por qué es tan difícil simplemente respetarnos y amarnos a nosotros mismos?

Todos poseemos esta sabiduría interior para saber lo que es bueno para nosotros.

Capítulo 2 – El despertar de la conciencia

Tuve los inicios de una respuesta sobre **la necesidad de volver a la Simplicidad**. Tuve que explorar la pista del cuerpo. Sin embargo, nerviosamente seguí haciéndome esta pregunta. ¿Cómo podría encontrar paz y amor para mí misma, cuando me juzgaba una persona tan mala, indigna de ser amada?

Una respuesta inesperada llegó al despertar sin alarma.

Una mañana sentí surgir una energía desconocida, todos mis sentidos se despertaron: vista, oído, tacto, olfato, gusto. Sentí una fuerte necesidad de oler incienso, de escuchar el silencio que me hablaba. Elegir algo hermoso para ver ante mis ojos: observar una flor en su totalidad y luego atentamente en sus detalles. También sentí la necesidad de dulzura para mi corazón, algo gentil y alentador para leer o escuchar. Luego busqué en mi libro de visitas todos los testimonios recibidos de mis pacientes y ex-colegas, mientras escuchaba música suave.

Muy rápidamente surgió una elección y una decisión. **Había llegado a un punto de inflexión.** Ya no podía luchar contra mi corazón, continuar con una ansiedad subyacente permanente pero invisible en el exterior.

Me di cuenta de lo que tenía que hacer con gran eficacia y tranquilidad. En esos momentos me sentí desconectada de mí misma.

Aprender a amarme, a aceptarme y a atreverme a ser y hacer lo que hay en mi corazón, sin darle importancia a las opiniones de quienes me rodean: ¡esa era mi prioridad absoluta!

> **La Vida sabe antes que nosotros lo que necesitamos.**

A partir de ese momento, la Vida empezó a poner en mi camino las personas adecuadas para seguir adelante en este camino de amor. Hasta entonces había aceptado todas las etiquetas que me ponían. Pero ese día, elegí y decidí eliminarlos uno a uno para crear mi propia felicidad. Estoy empezando a realizar acciones muy sencillas, incluso pequeñas, pero concretas, para crearme alegría día tras día.

Al no ser de naturaleza guerrera, creo un mantra para mí: *"Todo lo que no esté alineado con la alegría de vivir y la paz, es naturalmente retirado, apartado de mi camino, sin hacer daño a nadie. Siempre me encuentro en el lugar correcto, en el momento correcto con las personas correctas. Y cada persona que conocemos es una ayuda del destino la una para la otra".*

Cada ser de la tierra debe encontrar **su propio camino** hacia la paz. Paz con lo que pasó o pudo pasar, con lo que hizo o no hizo, con lo que dijo o no dijo, con lo que vio o escuchó.

Todo lo vivido tenía que ser así, ¡ya que así fue! No podría ser de otra manera; **nuestra conciencia de ese momento fue Eso.**

Un niño aprende a caminar: se cae, se golpea, se lastima, llora, se enoja, se vuelve a levantar. Da un paso adelante, luego otro. **¡Un día lo consigue!** ¡Camina! El niño nunca se hizo la pregunta ni siquiera juzgó si podía caminar o no.

Como padres, ¿se nos ocurriría juzgarlo, criticarlo por sus caídas, sus lágrimas y a veces hasta su enojo durante su aprendizaje? Al contrario, aceptamos al niño en el estado en el que se encuentra en su desarrollo. **Lo animamos y felicitamos por cada uno de sus avances.**

¿Qué pasaría si adoptáramos esta misma actitud hacia nosotros mismos? Aceptarnos en nuestra evolución con todo lo que hemos hecho o no hecho, dicho o no dicho.

¿Qué pasaría? No dejemos más que nuestra mente nos imponga sus juicios y críticas. ¡Dejemos de atormentarnos!

¡Entre el saber y el vivir, a veces existe una enorme brecha entre ambos! Durante muchos años reflexioné sobre lo que había hecho o dejado de hacer, lo que había dicho o no. ¡Yo había creado mi propio sufrimiento!

"Lo que percibes como faltas no son faltas sino aspectos vitales de la naturaleza humana... Observa la vida sin juzgar y verás que el bien y el mal son sólo percepciones. Nuestros juicios son en realidad miedos y de lo que realmente tememos miedo, es de nuestro lado oscuro que también forma parte de nuestra verdadera naturaleza. Todo tiene una razón de ser, una utilidad y su contrario.
«El Oráculo del Arcángel Miguel»
~Toni Carmine Salerno~

Un día, un ángel colocó una semilla. Germinó para que yo pudiera encontrar el camino del amor. Los pájaros arrojan semillas a la tierra y poco después vemos salir un brote joven sin siquiera saber cómo sucedió.

¿Salir del Laberinto del Miedo?
El retorno a la Simplicidad que conduce
A la Inocencia del Corazón original,
Dar a Luz a lo Divino en Uno mismo.

La Confianza en lo Divino conduce
al Conocimiento de Uno mismo,
El Autoconocimiento conduce a la Acogida,

La Acogida conduce a la Alegría,
La Alegría conduce a la Paz
dentro de Uno mismo y con el Mundo.

Un día descubrí a Nicole Marchal, terapeuta cuerpo-mente, en Internet. Desde la primera sesión con ella, a través de su contacto, de su toque sensible del método Claude Camilli®, percibo en lo más profundo de mí quién soy y tal como soy en el momento y en el futuro: un ser de valor.

Por primera vez me siento profundamente comprendida y aceptada por mí misma y por Nicole. Ella volvió a darle voz a mi cuerpo, me inició a escuchar su mensaje a través de sus manos con un toque infinitamente presente y respetuoso. Me ofreció la magia de revelarme.

Sin esperar resultados, seguir el movimiento de la vida que se expresa naturalmente en el momento es profundamente sanador: hablar, escuchar y tocar en el lugar verdadero y legítimo.

Recuerdo que la medicina china siempre se ocupa principalmente de lo físico: dieta, respiración, gimnasia, masajes, antes de abordar la mente.

Algunas mañanas recibo mensajes internos. ¿Vienen de los Arcángeles? ¿Ancestros? ¿Un estímulo para encontrar este camino del Amor?

Éstos son algunos de ellos:

"El hecho de que no funciones como tu familia no significa que seas una mala persona".

"Deja de juzgarte según el criterio externo de los demás. Evalúate según tus propios valores".

"Ayuda a los demás a creer en sí mismos. Pon esta intención en todo lo que hagas, con todas las personas que conozcas. Es parte del camino de tu vida y es el resultado de tu viaje a lo largo de tu vida.

"Escribe y explora tus deseos y sueños: ¿por qué estos y no otros? La claridad te dará fuerza, determinación, coraje, perseverancia y autodisciplina. La claridad también te dará la confianza y la energía para realizar tu vida y tus sueños».

"¡Cálmate! ¡Apaciguarte!" Ámate en todas las dimensiones, rincones de tu ser: luminosas, oscuras, avergonzadas, débiles, vulnerables, temerosas, confundidas, perdidas, alegres, creativas, inspiradas...Esto te convierte en un ser único con tu propio camino de resiliencia y paz.

Tienes un talento único que compartir para servir a la mayor cantidad posible de personas. Siéntete orgullosa de ti misma y siéntete bendecida." AA Metatrón

Para erradicar de mi cerebro los pensamientos de miedo o de culpa que van y vienen permanentemente, le escribo a esas partes de mí que nunca han tenido derecho a hablar.

Ya sean luminosas o vergonzosas. Cuando me cuesta escribir sin censurarme, me tomo un descanso, reconecto con mi cuerpo y bailo en mi trampolín.

La buena gente que **"ayuda del destino"** sigue acudiendo a mí. El encuentro con Fana fue único. Ella se hizo amiga.

Me revela que dentro de nosotros hay un montón de personajes diferentes, cada uno con la máscara del arquetipo que representa. Un equipo donde ningún miembro está de acuerdo con el otro. Y todo esto sucede sin que nos demos cuenta, impactando todas nuestras decisiones.

Haciendo eco a mi trabajo con mis pacientes, comienzo a escribir una carta a mi Cuerpo, a mi Corazón y a mi Cerebro que comparto con ustedes en su forma original.

Carta a mi Cuerpo

"El que no tiene tiempo
Para cuidar su salud,
Algún día tendrá que encontrar el tiempo, el dinero.
Y la paciencia para cuidar de su enfermedad"
~Anónimo~

Hola mi Cuerpo,

Gracias mi Cuerpo por estar siempre ahí para mí. Eres hermoso y te amo. Nunca me preguntaste nada.

Me doy cuenta de que nunca intenté realmente descubrir cómo funcionabas, qué necesitabas para estar en tu plenitud, para darme toda la energía para lograr, realizar mis sueños, para amarme mejor a mí misma y al mundo.

Sin ti, mi Cuerpo, yo no estaría en la tierra. Es gracias a ti que puedo caminar, correr, bailar, escribir, leer, trabajar, descansar... amar...

Sin ti, mi Cuerpo, no conocería la suavidad del tacto, la embriaguez de los olores y el deleite de los colores.

Sin ti, mi Cuerpo, yo no vería el amanecer y el atardecer, la luna y las estrellas.

Sin ti, mi Cuerpo, yo no conocería el sabor de las maravillosas frutas y verduras que la Naturaleza y la Madre Tierra nos ofrecen en abundancia.

Sin ti, Cuerpo mío, yo no conocería el encanto de escuchar y oír hermosos poemas, palabras de amor, la música, los cantos de pájaros.

Sin ti, Cuerpo mío, yo no conocería la felicidad de hacer el amor con el hombre que amo y que me ama.

Sin ti, mi Cuerpo, nunca habría tenido la oportunidad y la felicidad de llevar a mis hijos en mi seno. No habría tenido la dicha de expresar mi ternura en caricias, en besos, en "mimos".

Sin ti, yo no habría sido consciente de mis emociones, de mi bienestar, de mi malestar, de tus señales de alerta que me indicaban que a donde me dirigía no era una buena elección para mí, aunque no te estuviera escuchando.

Sin ti, no sabría si mi corazón está feliz o triste, feliz o frustrado, confundido o en paz.

Sin ti, no sería capaz de pensar, desarrollar planes, realizar sueños ni adquirir conocimientos y sabiduría.

Tantas cosas que me permites hacer. Tantas cosas por las que puedo agradecerte.

Así que hoy me gustaría agradecerte 1000 veces por tu lealtad, por tu apoyo, por tu amor.

Sé que estarás conmigo hasta mi último aliento. No puede ser de otra manera.

Quiero conocerte, entender tus necesidades, dominar tu "cómo", tu manera de funcionar para darte lo mejor y sacar lo mejor de ti. Sé que tienes infinitas posibilidades. Sin embargo, no estás en tu máximo potencial; tengo aún mucha ignorancia sobre ti.

Sin embargo, me comprometo a conocerte mejor para escucharte, comprenderte y respetarte.

Y para eso, voy a comenzar con:

•Respirar el aire puro con lentitud y profundamente, co-creando las mejores condiciones posibles para ti y contigo.

•Nutrirme de conciencia y gratitud. ¡Tú realizas un trabajo considerable las 24 horas del día! Sin descanso, absorbes, clasificas, digieres, asimilas, eliminas todo lo que Yo te doy en comida, en pensamientos o en emociones.

•Es hora de que te dé descanso varias veces al día, aunque sea unos minutos, y que respete tu ritmo de al menos tres horas para la digestión. ¿Y por qué no un día de RTT para digerir toda la comida? ¿Día de luna llena, día de luna nueva o un día a la semana, como si hubiera practicado durante mucho tiempo y me diera por vencida? ¡Te estoy escuchando!

•También haré un descanso de cinco minutos cada hora, durante trabajos de gran concentración.

• Me aseguraré de prepararme para un sueño de calidad y así despertarme llena de energía.

Sabes muy bien lo que te conviene, aunque a veces hago oídos sordos a tus susurros. Además, el proverbio tibetano lo describe muy bien:

"Si escuchas a tu cuerpo cuando susurra,
No tendrás que oírlo gritar".
~Sabiduría tibetana~

También quiero aprender a comprender mejor tu trabajo. ¿Cómo se transforman los alimentos en nutrientes, en salud, en energía, en vitalidad?

¿Cuáles son las condiciones ideales para que tú destaques en este rol? Soy tu socia co-creativa de mi salud, mi vitalidad, mi energía. Así que por favor guíame con gentileza, paciencia y bondad.

Descubrí que tú también tienes una parte inmaterial y energética. Explícame cómo mis pensamientos y emociones actúan sobre ti, se imprimen en ti, facilitan o dificultan tu vitalidad natural y tu alegría de vivir.

Mi mentor nos recordaba a menudo:

"Todo lo que no se expresa, se imprime"

Tienes todo en ti y sabes exactamente lo que necesitas. ¿Cómo puedo fomentar tu excelencia? Enséñame a escucharte y a confiar en ti y en mí.

Mientras escribía, recordé mis diversas formaciones. La salud y la vitalidad se basan en parte en tres pilares: todo lo que introducimos libremente en nuestro cuerpo forma parte de nuestra responsabilidad.

•Pilar de alimentación: ¿cómo como? ¿Con alimentos nutritivos? vibratorios? ¿energéticos? ¿naturales? ¿muertos? traficados?

Hipócrates, un antiguo médico griego cinco siglos antes de Cristo, afirmaba la primacía de la alimentación en la salud. Nuestra salud física y psicológica está directamente ligada a los nutrientes contenidos en los alimentos:

"Que tu alimentación sea tu primera medicina".
Somos lo que comemos".

•Pilar de las emociones: ¿cómo alimento mi corazón? ¿Con emociones que me hacen feliz? ¿O que me hacen bajar el ánimo?

•Pilar ambiental: ¿Qué aire pongo en mis pulmones? ¿Es Puro? ¿Tóxico? ¿Saludable?

Te agradezco este papel que has desempeñado desde mi nacimiento y que desempeñarás hasta mi muerte. ¡Somos dos, pero somos UNO, unidos por la Vida!

Así podremos dar lo mejor de nosotros al mundo.

La Vida nos ama, celebrémosla, amémosla con todo el corazón.

"Planifica una cita sagrada contigo mismo,
Mereces tomarte un tiempo para ti".
~Cheryl Richardson~

No olvidemos que es gracias a nuestro cuerpo físico que vivimos y realizamos nuestros sueños en la materia.

1er descanso : Descubrimiento

Ponte una máscara de descanso o un pañuelo sobre los ojos para estar realmente en la oscuridad. Esto favorece tu relajación y tu atención a tus sensaciones corporales. Ahora descubre tus manos sólo al tacto. Tómate estos dos minutos de tiempo sagrado para auto–calmarte. Escanea este código QR para acceder al audio:

Carta a mi Corazón

"¡Es imposible! dijo el Orgullo,
¡Es arriesgado! dice la Experiencia,
¡No hay salida! dice la Razón,
¡Intentémoslo! Susurra el Corazón".
~William Arthur Warm~

Hola mi Corazón,

¿Adónde has ido? Tenía la impresión de que estabas conmigo, pero me doy cuenta de que estás muy lejos de mí.

¿Por qué y cómo sé eso? Porque no me siento realmente feliz. Te siento lejos de mí, muchas veces más asustado y escondido en un rincón, como si quisieras ser invisible. Te siento latir en mi cuerpo, incluso al ritmo regular de un corazón deportista. Al mismo tiempo, no te siento feliz, ni vivo, ni travieso o juguetón.

En silencio, continúas escondiéndote. Como la rosa del Principito con sus cuatro espinas. Muestras tus espinas para decirme "no te acerques mucho". Me siento vulnerable y te tengo miedo. Prefiero mostrarme fuerte con mis espinas antes de que me hagas daño".

Corazón Mío, cada vez que quiero amar o que puedo recibir amor, me rodeas con una burbuja protectora muy espesa para que nada penetre. Te veo como un caracol que se retrae dentro de su caparazón tan pronto como tocas una parte de ti.

Hoy, Corazón mío, quiero liberarte y devolverte lo que te pertenece: la alegría, la espontaneidad, la creatividad, la risa, el amor a dar y a recibir.

¡El peligro ya no existe! ¿No me crees?! No voy a intentar convencerte. Sólo te voy a contar una historia, tu historia.

Cuando era pequeña, reía todo el tiempo, mientras que los adultos que me cuidaban eran demasiado serios. Sí, se tomaban a sí mismos demasiado en serio. La risa o las lágrimas, la expresión de las emociones y de la vida eran algo prohibido para ellos.

Entonces, empezaste a quedarte callado. Y reía y hablaba cada vez menos, ¡volviéndome tan sabia como una imagen!

En el fondo de mí, tú sabes que tu naturaleza intrínseca es reír, jugar, crear, amar, ser amado. Eso no podías ocultar ni destruir. Lo único que podías hacer era esconderte, hacerte pequeño, encogerte y hacerte invisible e inaudible.

El Corazón está hecho para iluminar, irradiar y alegrar a todos los que tú encuentras.

Hoy yo, Micheline, Minh-Tâm, que también significa "Corazón Iluminado", he venido a buscarte, a sacarte de tu escondite porque no es tu lugar.

¡Lo que experimentaste en el pasado ya no existe! ¡Los adultos de la época ya no están en la tierra! ¡Y tú, Corazón mío, ¡tampoco eres el mismo! Crecí, maduré, aprendí, experimenté y adquirí sabiduría y conocimientos.

Es hora, Corazón mío, de que salgas de tu escondite, de tu calabozo en el que elegí encerrarte. Es hora de que difundas e irradies todas las cualidades que son las tuyas. Nadie puede ni podrá quitártelas.

Eres indestructible, eres invencible, "Todo lo que Eres es suficiente". Nadie en el mundo podrá desintegrarte. Es tu naturaleza, tu naturaleza divina, la de un niño divino.

Por eso, Corazón mío, te declaro con el Universo como testigo:

Eres Amor, eres Creación, eres Alegría, eres Espontaneidad, eres Risa, eres Lágrima, eres Divino.

Gracias Corazón mío.

Te amo con todo mi corazón.

*"No se trata de ser amado por alguien
que cura nuestra guerra civil interna.
Es ser amado por uno mismo,
Aceptarse a sí mismo, desde la raíz hasta la cima".*
~Placide Gaboury~

2do descanso: Dulzura

Ponte una máscara de descanso o un pañuelo sobre los ojos para estar realmente en la oscuridad. Esto favorece tu relajación y tu atención a tus sensaciones corporales. Ahora tus manos sólo al tacto. Tómate estos dos minutos de tiempo sagrado para auto–calmarte. Escanea este código QR para acceder al audio:

www.michelinephan.com

Carta a mi Cerebro

"La cabeza juzga, por eso no puede amar.
El Corazón ama, por eso no puede juzgar"
~Placide Gaboury~

Querido Cerebro,

Cariño, estás teniendo convulsiones. Quizás te lastimaste en esos momentos. Tengo que tomar un tratamiento de Gardenal de por vida. ¡Afortunadamente, a los catorce años decido que ya no te daré más este medicamento! Quería que fueras como eras cuando yo nací, sin ningún defecto.

Aprendí a través de mis estudios que las células se renuevan y que el cerebro del bebé, niño o adolescente ya no es el mismo. El del joven adulto tampoco como el de ahora. Además, Brain, Cerebro, estás evolucionando en cada momento. Contienes miles de millones de neuronas.

También descubro que los hábitos crean vías neuronales y preparan el escenario para algunos de mis comportamientos que tengo dificultades en transformar.

Al mismo tiempo, aprendo que es inútil luchar contra estos caminos ya trazados. Lo mejor es que elija un nuevo camino para seguir adelante. Mientras camino, irá tomando forma.

No es necesario intentar borrar las huellas del camino recorrido, del mismo modo que el alquitrán aún caliente conserva las huellas.

Así que Querido Cerebro, hoy te propongo darte nuevas direcciones, nuevas órdenes a ejecutar. Es cierto que hasta ahora me ha resultado difícil darte órdenes claras. A menudo oscilaba entre dos opciones. Yo tenía dudas o confusión y tú estabas perturbado.

Hoy, un velo se ha levantado, encuentro la claridad del camino a seguir. Destacas en la ejecución material de mis pensamientos, ya sean al servicio del amor y de mi mayor bien o de mi mayor desgracia. No tienes ese discernimiento y no es tu papel. Soy la única responsable de lo que manifiestas en mi vida.

Todo empezó con una falta de claridad, una falta de conocimiento, una falta de sabiduría. Mis vivencias y mis experiencias me han aportado y me aportan una evolución de la conciencia y la madurez como ocurre con un buen vino.

He conocido gente más joven o de tu edad, muy brillantes. Te usé para envidiarlos, para compararme. Estaba usando tu habilidad de comparar para menospreciarme. ¡Este no era el camino correcto! En una comparación, Brain, Cerebro, siempre serás el perdedor, incluso si crees que eres más fuerte o inteligente.

No voy a inundarte con consejos o críticas. Sólo te voy a dar algunas instrucciones nuevas y claras. Tengo confianza en ti, tienes todas las habilidades requeridas para lograrlas y manifestarlas. Les agradezco mucho su buena ejecución.

¡De ahora en adelante, Cerebro, ¡así es *como quiero* que te reprogrames!

Te lo agradezco de antemano. ¡Ten confianza! Eres muy valeroso y te amo tal como eres.

Esta es mi declaración al Universo del YO SOY:

AHORA

- Soy creativa, visionaria, intuitiva.
- Soy organizada, centrada en lo esencial.
- Soy inspirada e inspiradora.
- Soy sabia, perspicaz, asertiva y diplomática.
- Soy profesora y paciente.
- Soy próspera, abundante y generosa.
- Soy cálida y comprensiva.
- Soy aventurera, viajera y excursionista.

Diálogo con tu Cuerpo…

Si quieres, cuestiona tu Cuerpo y tu Corazón.
¡Ellos saben cómo responder y te inspirarán!
Tu cuerpo, tu Corazón, pueden escuchar todo sin juzgar

"Mi Alma es un espacio sagrado a través de la cual
Yo creo la abundancia,
Mis pensamientos o ideas no están restringidos
Ni por el tiempo ni por el espacio.
~Toni Carmine Salerno~

3er descanso: Cerebro tranquilo

Ponte una máscara de descanso o un pañuelo sobre los ojos para estar realmente en la oscuridad. Esto favorece tu relajación y tu atención a tus sensaciones corporales. Ahora descubre tus manos sólo al tacto. Tómate estos dos minutos de tiempo sagrado para calmarte. Escanea este código QR para acceder al audio:

Capítulo 3 – Frustración y abandono

Mis pensamientos internos continúan. Cómo: comprenderme mejor, aceptarme tal como soy en el presente y en la transformación. Amar mejor, amarme a mí misma y ser amada.

La necesidad de amor y reconocimiento son dos necesidades innatas y universales, codificadas en nuestro ADN. Llevamos esta búsqueda inextinguible y tal vez incluso una "frustración" subyacente que no puede apaciguarse.

Esta búsqueda de **amor y felicidad**, alimentada por un desamor consciente o inconsciente hacia uno mismo, fomenta la victimización, la manipulación y la búsqueda incesante de un reconocimiento externo. Esto da lugar a los peores actos de guerra hacia uno mismo, hacia el otro, cuyo origen surge del odio a uno mismo proyectado sobre el otro.

Por el contrario, **esta misma búsqueda** impulsada por el amor propio genera un gran y hermoso progreso humano. Esto contribuye al cambio y a la maduración del Ser.

Es del roce de la ostra con la arena.
Que nace una perla.

¿Hemos recibido bondad, ternura, gentileza, reconocimiento y aliento incondicional desde nuestra niñez?

Si la respuesta es SÍ es porque nos hemos beneficiado de un entorno favorable para amar y ser amados.

Si la respuesta es NO, estas deficiencias se alojan en nuestro cuerpo en los lugares más vulnerables de nuestro sistema.

Una vez que nos convertimos en adultos, esta búsqueda del amor **nos empuja a adaptarnos y tratar de digerir lo que es**, incluso si no está de acuerdo con nuestra naturaleza profunda. Este **SÍ a todo** puede llevar a una sobre adaptación.

Sobre adaptarnos sin estar completamente en sintonía con nosotros mismos impacta en nuestro Cuerpo, nuestro Corazón y nuestro Cerebro. Para evitar cualquier sufrimiento y justificar nuestra adaptación, nuestro cerebro pone en marcha un sistema de pensamientos para **crear una barrera protectora.** Bajo su influencia, **nuestras células se contraen, se agrupan y llegan a paralizarse o incluso "congelarse".**

La vida que es movimiento se congela. Entonces vivimos en una camisa de fuerza de sobrecarga mental, emocional y física. Entonces se imprime un circuito en nuestro cerebro, como un camino abierto en el bosque tras ser pisoteado por miles de caminantes. No es necesario intentar borrar este camino, ya está hecho. Sin embargo, es posible crear uno nuevo, abrir un nuevo camino para obtener resultados a veces inesperados.

Nuestros sentidos, conectados a nuestro cerebro, **captan las informaciones** de nuestro entorno. **Nuestro cuerpo y nuestro corazón son los receptáculos de todas nuestras experiencias** felices o infelices desde el vientre de nuestra madre.

Escuchando los mensajes de nuestro cuerpo, podemos encontrar el camino hacia la reconciliación y el apaciguamiento de estas tres dimensiones: Cuerpo, Corazón, Cerebro.

"Nuestras células recuerdan"

Comparto con ustedes un extracto del testimonio de Patricia, con su autorización. *"Muchas gracias, Patricia por escribir tus comentarios detallados y permitirme publicarlos"*.

"El 22 de julio de 2023 contacté a Micheline por un problema cardíaco.

Micheline siempre comienza su consulta con una entrevista para conocer los motivos que nos empujan a cruzar su puerta.

Le explico que a principios de julio me diagnosticaron pericarditis. Le digo que estoy muy bien seguida por un cardiólogo, que sigo el protocolo "al pie de la letra" (tratamiento farmacológico, ecografías cardíacas, análisis de sangre, nada de actividad física y finalmente reposo obligatorio) pero a las dos semanas no hay mejoría.

Estoy en buena condición física y tengo un estilo de vida saludable. Siento dentro de mí que esta pericarditis que cuestiona a la profesión médica me envía una señal. Este líquido que se ha alojado en el pericardio no se debe a ningún virus, por lo que no hay mejoría.

Este líquido que ha llegado a alojarse en mi corazón es mi tristeza que sale, son las lágrimas de mi corazón. Hace un año, mi nieta tuvo meningitis. Después de seis meses de hospitalización, salió con una discapacidad mental muy importante. Sentí su enfermedad en lo más profundo de mí.

Guardé todas mis emociones en lo más profundo de mí, tratando de mantener una actitud muy positiva sobre la evolución de mi enfermedad.

Dejo a Micheline agradeciéndole, sin sentirme ni más ni menos mejor que cuando llegué. Por la tarde, alrededor de las siete de la tarde, siento que mi tristeza se va, como si un ligero velo negro volara sobre mis hombros. De repente me siento más ligera. Admito que es bastante extraño, pero me siento mejor. A la mañana siguiente, cuando me despierto, siento nueva energía. Puedo volver a proyectarme, a querer hacer cosas.

El viernes siguiente, cuatro días después de ver a Micheline, volví a ver a mi cardiólogo. Como cada semana, se hace una ecografía cardíaca para seguir la evolución.

Busco una señal en su rostro que indique algo mejor. ¡Nada! Lo veo muy concentrado.

Regresa a su oficina, mira mi expediente sobre su escritorio y exclama: "¡Sorprendente!". Me explica que mi pericarditis está retrocediendo. Antes de decidirse quiso comprobar los datos de la semana anterior. Me explica que el tratamiento está empezando a hacer efecto, que podré reducir la medicación y que, no obstante, debo seguir teniendo cuidado.

No digo nada, sé que esta rápida mejora se debe en gran medida a Micheline.

Micheline le dio a mi cuerpo la capacidad de auto curarse. A partir de entonces supe que estaba en el camino de la recuperación.

Hoy estoy bien, he recuperado energías que me permiten seguir adelante como deseo. Gracias Micheline. 🙏 »

Más allá del cuidado dado a su cuerpo, su corazón me habló y me tocó, inspirándome con la imagen de la campanilla de invierno (flor que simboliza la esperanza y la renovación).

Al final de la sesión le pregunto a Patricia cómo se siente.

"Siento un gran vacío, es la vida que pasa, no estoy haciendo nada, no estoy construyendo nada".

Escucho su cansancio y su desesperación en su interior.

Entonces me viene una imagen. La "campanilla de invierno" al final del invierno, sin nada visible el día anterior, un hermoso día brota de la tierra con su mayor belleza.

Le transmito esta imagen a Patricia y le explico: "Tu cuerpo necesita reconstruirse durante ese tiempo de descanso, de hibernación en cierto modo".

"Dentro de un tiempo, te sorprenderá verte "floreciendo" como la "campanilla de invierno".

Hoy Patricia ha encontrado lo que anima su corazón. Va a las escuelas para leer libros de cuentos a los niños. Sus ojos azules brillan de alegría y amor.

Gracias Vida por guiar tan bien a cada ser para que encuentre el camino hacia el amor propio.

"¡Abandonarse!"

¿Pero cómo hacerlo? Esta recomendación se repite en cada taller de desarrollo personal.

Según mi experiencia en la escucha corporal, al instalar nuestro cuerpo en una relajación natural, al poner a descansar nuestro cerebro consciente, sin ningún esfuerzo ni voluntad por nuestra parte, nuestro ser profundo se abre y se doma. Podemos soltar los nudos de sufrimiento, de frustración, de mirada hacia atrás que bloquean nuestro avance hacia los sueños de nuestra infancia y los de nuestra alma.

Después de una sesión, Cécile escribió un poema que me autorizó publicar. *"Gracias Cécile por tu confianza y tu amistad"*.

Desde hace varias semanas, su cuerpo sufre dolores intolerables. Quiere hablar, necesita ser escuchada y recibir amor. Se siente en rebeldía y enojada por su dolor, ya no puede soportarlo más. Durante la sesión me quedo unos buenos diez minutos con ambas manos colocadas sobre su cabeza sin moverlas.

Observo que cuando el **dolor se manifiesta es porque quiere irse y está dispuesto a hacerlo.** Cuando somos niños, cuando jugamos al escondite, no queremos que nos descubran demasiado rápido. Si dura demasiado, empezamos a hacer algunos intentos de pequeñas salidas para ser encontrado.

Sólo permanezco presente. La animo y le susurro: "Mueve el brazo hasta el punto en que empieces a sentir el dolor. ¡Observa, no lo fuerces! ¡Dale las gracias! Confía en tu cuerpo. ¡Él sabe cómo hacerlo! ¡Observa cómo tu dolor quiere desaparecer y observa cómo desaparece por sí solo!

No hay expectativas por su parte ni por la mía. Simplemente ver, contemplar cómo se desarrolla la vida. Ella confía en sí misma. "Mi brazo subió porque dejé que mi cuerpo lo hiciera".

De regreso a casa, me envió este poema:

Hoy me cuidé,
Corte Energético y Tratamiento para mi hombro,

Escucho mi cuerpo. ¡Él sabe!
Lo escucho y veo los momentos donde todo se calma
ya no lucho

Me dejo atravesar. ¡Mi cuerpo sabe!
Tomo el camino de la escucha interior

Me dejo atravesar. ¡Mi cuerpo sabe!
Mi cuerpo me ama y me enseña a quererme un poquito más
Sin lucha. Suavemente

Mi cuerpo me ama y me enseña a amarme.

Esta simbiosis entre el Cuerpo, el Corazón y el Cerebro nos permite en un momento inesperado redescubrir el amor a sí mismo.

La Sencillez que conduce a la inocencia del Corazón Original, da origen a lo Divino en Uno mismo. Aprender a confiar en el cuerpo que sabe antes que nuestra mente consciente.

Uno de los caminos que tomé para alcanzar esta Simplicidad es el camino de la Dulzura, tanto para mí como para mis pacientes.

La dulzura borra las cicatrices,

La mansedumbre cierra las heridas,

La mansedumbre hace fluir lágrimas curativas,

La mansedumbre hace crecer el amor hacia uno mismo.

La mansedumbre hace retroceder el ideal del deber,

La suavidad desintegra la dureza,

La obligación de curar o de curarse a sí mismo.

La gentileza pide dejar emerger.

En cada momento sigue la guía que te surja.

Cuando nos **ATREVEMOS** a darnos los medios para crear nuestra felicidad de acuerdo con nuestros **verdaderos valores**, entonces el miedo, el odio, los celos, la dependencia y las expectativas se desprenden de nosotros.

De esta manera, también ganamos perspectiva sobre los juicios de los demás sobre nosotros y sobre nuestras propias creencias y juicios sobre nosotros mismos.

Una vez más nos convertimos en seres humanos maravillosamente realizados al servicio de la Paz, el Amor y la Alegría de Vivir con gratitud.

4to descanso: Reconciliación consigo mismo

Ponte una máscara de descanso o un pañuelo sobre los ojos para estar realmente en la oscuridad. Esto favorece tu relajación y su atención a tus sensaciones corporales. Ahora descubre tus manos sólo al tacto. Tómate estos dos minutos de tiempo sagrado para calmarte. Escanea este código QR para acceder al audio:

Vivir nuestro camino único e individual de paz, en muchos sentidos, es aprender a amar y sentirse centrado en sí mismo.

La persona que sólo da no sabe o no quiere recibir. Es posible que entonces se encuentre incapaz de identificar y/o expresar sus propias necesidades.

Por eso, empezar a amarte a ti mismo significa aprender a responder a tus necesidades y satisfacerlas. ¡Pero ten cuidado! Satisfacer tus necesidades también puede implicar pedir y aceptar la ayuda de los otros.

Es interactuar con los demás, atreverse a pedir y recibir desapegados de la respuesta.

Esta es nuestra verdadera libertad y nuestro verdadero poder, ¡PERO no debe ejercerse sobre los demás! ¡Solo sobre nosotros mismos! Nadie puede frustrarnos excepto nosotros mismos.

Podemos sentirnos molestos y frustrados cuando nuestra solicitud es rechazada. **Es natural y humano.** Sin embargo, esto sólo debería durar poco tiempo. **El siguiente paso es salir de la frustración o la ira.**

Debemos recuperar nuestro poder **sin juzgarnos** a nosotros mismos por atrevernos a pedir y sobre todo **sin juzgar a los demás** por no darnos. Existen múltiples opciones y soluciones nuevas que están a nuestro alcance. **Somos por naturaleza seres resilientes, creativos y libres.**

Un día, estaba tratando de descubrir cómo explicarle a una paciente, Katia, que necesitaba pensar más en sí misma. En su trabajo como en su vida, negaba sus propias necesidades, anteponiendo siempre las de los demás a las suyas propias, olvidándose de sí misma hasta el sufrimiento.

Entonces viene esta imagen. *"Cuando preparas una buena comida para tus amigos, compañeros o invitados, naturalmente sirves a tus invitados antes que a ti y al mismo tiempo te sirves una parte. No te quedas ahí mirándolos comer y pasando hambre ".*

Christophe, un amigo con quien compartí esta imagen, me comentó: *"Tu imagen es genial, te la tomaré prestada y si me permites agregaré:*

"¿Qué efecto tendría en ti si todos tus invitados comieran de todo y no te dejaran nada?"

¡Y aún así! ¡A pesar de toda mi teoría y mi experiencia, también caí en la trampa de querer dar para ser amada y nunca ser juzgada como egoísta! **Simplemente había reprimido mis necesidades y, a veces, incluso algunos de mis valore**s.

Me había puesto la máscara de ser amable y servicial a toda costa, aunque soy realmente amable y servicial. Lo que estaba mal era que a veces era amable en contra de mi voluntad, en contra de mi corazón, **cuando debería haberme afirmado negándome.**

Quería satisfacer al otro, aunque en el fondo de mi misma estuviera en contra de lo que me pedían. El mandato interno de adaptarme a lo que creía que debía ser para ser aceptada era mucho más fuerte que mi corazón.

¿Quizás en ese momento no buscaba conocerme en profundidad, ni tomar conciencia de mis necesidades?

Como corolario, sólo podía conformarme con los juicios que otras personas tenían sobre mí. Acepté todas las etiquetas que me pusieron, **sin cuestionarlas jamás**. Mi comportamiento también lo demostró.

Es más, ni siquiera era consciente de que podía hacer lo contrario porque tenía otras opciones.

Dejemos que nuestro cuerpo se libere del peso de lo escuchado y mal "digerido". Este punto específico del audio fue canalizado por una amiga:

5to descanso: Aceptación

Ponte una máscara de descanso o un pañuelo sobre los ojos para estar realmente en la oscuridad. Esto favorece tu relajación y tu atención a tus sensaciones corporales. Ahora descubre tus manos sólo al tacto. Tómate estos dos minutos de tiempo sagrado para calmarte. Escanea este código QR para acceder al audio:

Aprender a vivir el amor a sí misma no fue suficiente para mí. Mi corazón aún no estaba satisfecho. No podía esperar para descubrir y entender quién es Dios.

Para progresar hacia un amor más amplio, más grande que yo misma, tuve que explorar lo Divino dentro de mí, del que tanto hablan las diferentes corrientes de espiritualidad.

Recordé que, cuando era niña en el jardín de mi nodriza, era natural para mí comunicarme con la Naturaleza, las hadas, seres invisibles para los ojos de la mayoría de los adultos. Luego, de vuelta en mi familia, separada de todo vínculo con la Naturaleza, todo quedó olvidado.

> **Lo Divino en Sí Mismo,**
> **¿Dónde está? ¿Cómo encontrarlo?**
> **¿Cómo ponerse en contacto con él?**

Carta a Dios

"Es dentro de donde se encuentra la Fuente del Bien,
Puede surgir sin cesar si sigues cavando".
~Marc Aurèle~

Querido Dios,

Desde hace algún tiempo recibo mensajes muy reconfortantes. A pesar de todo, tengo dudas. ¿No me lo estoy imaginando? ¿Para escuchar lo que quiero escuchar? Incluso sigo un poco perpleja acerca de la autenticidad de estos mensajes. ¡Es tan difícil cambiar sus creencias!

Sin embargo, desde hace dos días siento dentro de mí una llamada para escribirte, Dios, aunque no sé muy bien qué es lo que quiero escribirte, pero tal vez eres tú quién quiere hablar conmigo.

Hasta donde puedo recordar, no parece que haya intentado conocerte. En cambio, te ignoré y huí. A mi alrededor, las personas que invocaban y hablaban en tu nombre, o usaban tu nombre, me repelían más de lo que me atraían hacia ti.

Por cierto, ¿quién te nombró Dios, por qué esta palabra Dios y qué significa?

Tengo la impresión de que te atribuyen todas las cualidades y todos los defectos. ¿Cómo situarse en todo eso?

Me imagino que Dios sería una palabra que los hombres inventaron para agrupar todas las cualidades que formarían el cuadro completo de un rompecabezas. Que cada uno debe descubrir y reunir para ser un ser humano realizado e ilimitado.

¡Siempre dices, o tal vez no seas tú, "que estamos hechos a tu imagen"!

¿Pero cuál es tu imagen? ¿Quién ha visto ya tu imagen? En este rompecabezas, complejo con sus piezas dispersas, nadie tiene la imagen completa. ¿Será por eso por lo que hay tantas guerras en tu nombre e incluso dentro de nosotros mismos?

A menudo me surge una pregunta: ¿quién creó la palabra, ¿cuál es su significado, su origen?

¿Qué pasaría si la palabra Dios fuera un acrónimo?

D para **Declaración**

I para **Ilimitada**

E para **Abrazar**

U para **Unidad**

"**Declaración Ilimitada de Abrazar la Unidad**" ¿Podría esto corresponder a la misión de cada uno, de convertirse en Dios viviendo una Declaración Ilimitada de Abrazar la Unidad?

Sabes, soy bastante más bien incrédula acerca de cualquier cosa religiosa. Entonces, no sé de dónde vino esta idea de un rompecabezas y un acrónimo, pero siento una afinidad con él.

¿Qué opinas? Esto me preocupa. ¿Qué sería "Declaración" "Ilimitada" "Abrazo" "Unidad"?

Como deseo ser clara conmigo misma, les doy la comprensión que tengo de:

Declaración, es a mí misma a quien quiero declarar algo que me anima, que me corresponde, que me hace alegre y que me da esta energía para ponerme en movimiento, en acción, en la vida.

Ilimitada, mi declaración ilimitada, no me presiono porque es ilimitada en el tiempo, en el espacio y en mi imaginación que puede evolucionar día tras día.

Abrazar es para mí la imagen de la ternura, del amor que "se entrega sin asfixiarse", que reconcilia, consuela, calma…

Unidad, hay tantos conceptos que podemos oponer unos a otros, mientras que buscar la unidad significa buscar más allá de las oposiciones y diferencias.

Me gustaría que hablaras conmigo directamente y ya no a través de un intermediario. ¡Que seas claro conmigo para poder conocerte si existes, claro!

Desde mi juventud, a menudo me viene a la mente una imagen: la de un triángulo. Cuando estás en la base del triángulo, en una de las esquinas o incluso en el medio, sólo puedes mirar desde un punto de vista, hacia la derecha, hacia la izquierda, hacia adelante, hacia atrás.

Cuando estás en la cima del triángulo, en el punto más alto, tienes una visión global y ya no hay oposición, todo está unido en un solo punto. Esto es Unidad, ni buena ni mala, ni cara ni cruz, sólo una unidad de ambos lados.

Una moneda no sería una moneda sin cara y cruz. El día no sería día sin sol ni noche sin luna. Entonces, ¿por qué siempre ponemos las cosas en oposición, lo que lleva a guerras y conflictos primero dentro de nosotros mismos y luego con los demás?

¿Me estoy alejando del tema? ¿Qué importa, me haces muchas preguntas con respuestas complejas o tal vez soy yo quien complica las cosas?

De todos modos, Dios, ¿cómo podemos conocerte y oírte? No tengo religión, pero mi deseo más profundo es experimentar lo divino dentro de mí. Dudo mientras mi vida da otro giro. Tanto mis pensamientos como mis emociones toman una nueva dirección.

Como algunos, te identifico como una persona que dirige, guía, castiga, premia... ¿Es esta la realidad? ¿La verdad? ¿Un absurdo? Básicamente, ¡cualquier interpretación es posible!

No sé si lo que escribo es muy claro. El postulado de que eres un "enorme rompecabezas", del que nadie tiene la imagen completa, me habla bien.

Si quiero comprar un rompecabezas de mil o cinco mil piezas, ahí está la imagen final para guiarme. Pero contigo ese no es el caso. No tengo ninguna imagen para referirme. Además, siento que cada pieza ya es una imagen completa en sí misma. Vale, siento que me estoy repitiendo.

Escribirte es más una fuente de preguntas que de respuestas. ¿Es parte de tu talento, dar materia de reflexión, para que cada uno busque por sí mismo y en sí mismo quién es Él, quién eres Tú? ¿Que pueda tener una relación directa Contigo en la sencillez, la pureza y la inocencia de la infancia? Gracias Dios, no estoy más iluminada, pero he expuesto lo que me molesta de ti.

Cuando un niño hace una pregunta o dice lo que ve, no le pone ninguna moralidad ni juicio. Él simplemente pregunta: ¿Por qué? ¿Cómo? ¿Quién? ¿Qué?

Y espera una respuesta, con la certeza de que la recibirá. De lo contrario, como el Principito, insistirá hasta recibir su respuesta. Pero también puede ser rechazado y luego sentirse frustrado por no haber recibido respuesta.

Encuentro que mi espiritualidad no es ni amor incondicional ni siquiera compasión. Es más precisamente un amor humano.

¡Un simple amor por la Vida! Que este amor se vuelva cada vez más vasto y se extienda en todas las direcciones y dimensiones de la Vida.

> **Que este amor evolucione hacia el Infinito**
> **hasta tocar al Ser Original en Sí Mismo.**
> **Y el Ser Original en el Otro.**

Para dibujar un círculo, la punta del compás se coloca en el centro. Para aumentar el Amor, deduje que éste siempre debe partir del centro de uno mismo para irradiarse e intensificarse. Ni religión, ni tradición, ni etiqueta, sólo una simple búsqueda de Unión y Unidad dentro de Sí Mismo, en comunión con la Vida y el Amor.

> **La Vida debe ser venerada por el milagro que Es.**

Milagro de cada parte de la Naturaleza, del mundo mineral, vegetal, animal, humano.

Milagro del cuerpo humano por todo lo que nos permite experimentar, vivir.

Milagro de la mente por todas las cosas maravillosas que es capaz de imaginar, de construir, ya sea para lo peor o para lo mejor.

Milagro del corazón, que late las 24 horas del día, un corazón que puede odiar infinitamente por miedo o amar infinitamente. Amar es su verdadera naturaleza.

> **Entonces, SÍ, permitámonos crear felicidad para nosotros**
> **mismos y para los demás, para venerar la Vida recibida.**

SEGUNDA PARTE

Ledigos del Camino Francés de Santiago de Compostela

Fisterra del Fin Del Camino Francès de Santiago de Compostela

Capítulo 4 – Atrévete a lo desconocido

En 2019 comencé el primer gran paso de respeto hacia mí misma: la decisión irrevocable de formar parte del Camino de Santiago.

Incluso con el miedo en el estómago, la culpa, la duda, sabía que tenía que irme.

Sin embargo, nunca he viajado y mucho menos caminado sola. Las personas cercanas a mí continúan alimentando mi miedo a lo desconocido y a la posible vulnerabilidad física. Sin embargo, escucho algunos consejos sensatos de no hacerlo sola por primera vez, sino caminar con otros peregrinos.

En el Camino me libero cada vez más y encuentro nuevos ayudantes del destino, hoy amigos del corazón.

El 31 de diciembre de 2021, tomé la decisión por primera vez en mi vida de participar en una fiesta de Nochevieja en la que no conocía a nadie. Ni siquiera tengo mi billete de vuelta de Toulon. Confío en otra primera vez: coger BlaBlaCar para mi regreso a París, el 1 de enero. ¡Una experiencia muy linda! Estoy muy agradecida a este joven conductor Michaël, bombero de profesión. Cuidando a sus pasajeros, condujo con mucha seguridad, a pesar del cansancio de la noche de insomnio.

Durante esta Nochevieja única, organizada por Maritzabel y Olivier, se reunieron sesenta personas, parejas y solteros procedentes de Bélgica, la Reunión, Suiza y Francia, de Norte a Sur y de Oeste a Este.

Durante el taller de la tarde, recibí este mensaje inesperado:

"En 2022, la Divinidad te reserva y organiza para ti el encuentro con tu alma gemela, esposa divina bien amada. Y sentirás en ese momento, en tu cuerpo y en tu corazón, una gratitud infinita y una gran humildad por la gracia de estar así colmada de amor. (31 de diciembre de 2021 a las 17:17 horas). Había olvidado y guardado este cuaderno en un cajón hasta la Nochevieja de 2022.

En marzo de 2022, me atrevo a inscribirme en un seminario de caminata sobre fuego. Afortunadamente estoy muy bien rodeada. Recibo mucho aliento y apoyo de mis nuevas relaciones, a quienes con gratitud les llamo mis ayudantes del destino.

Para mis antiguas relaciones, parezco loca o inconsciente. Ahora tengo la fuerza y la confianza suficientes para ignorar sus opiniones.

Llegan otros valiosos ayudantes, uno de ellos Gérald. Cuento nuestro encuentro en mi viaje de gratitud.

Recibido una mañana soleada de agosto de 2022.

"El Hombre en su plena divinidad es Yang Exterior que concretiza, manifiesta y porta su Yin Interior que recibe y conecta con la Fuente".

"La Mujer en su plena madurez femenina es el Yin Exterior que acoge, recibe y nutre lo Humano, lo Divino en su Seno, y lleva en sí su Yang Interior que propone e impulsa".

"La Luna y el Sol, en conexión con la Fuente Viva, a través de la sagrada comunión Tierra–Cielo, celebran la Vida y la Naturaleza en todas sus formas".

"Deja que el Hombre te descubra, Él lleva en sí la imagen perfecta de Quién Eres, absolutamente adaptada a Él".

"De tu Unión florecerá lo Masculino y lo Femenino en cada uno, para hacer brillar este amor".

"De cada Mujer nace cada Hombre y de este pasaje-memoria el hombre buscará primero en sí mismo su Femenino. Su Femenino una vez integrado en él, irá en busca de su Femenino cuya marca indeleble lleva inscrita en sus células. No hay necesidad de rivalizar entre mujeres, al contrario, cultiva la Hermandad".

"La Mujer, una vez integrado en ella su Masculino, podrá entonces reconocer al Hombre que la espera".

Otro día de agosto de 2022, de vacaciones con una amiga, en medio de una ensoñación, de repente viene a mi consciencia una visión, un NOMBRE. Han pasado veinticinco años y la Vida nos volverá a conectar.

Le pedí a una amiga pasar dos semanas en su casa para hacer un retiro de meditación y escribir un libro en paz. Un libro que presentaría un método para aprender puntos de automasaje emocional para ayudar a liberar el cuerpo, el corazón y el cerebro. Estos puntos los recibimos en canalización una amiga y yo misma.

Su casa estaba en venta. Una noche me dio un oráculo: las "Tarjetas de Medicina". No las conocía. Hago grabados para divertirme y relajarme porque la inspiración para escribir no llega.

Entonces me viene a la cabeza su nombre, el de un estudiante de osteopatía. Muy a menudo estábamos en parejas de práctica. Ya no tengo su dirección, él no tiene mi nombre. Me divorcié y recuperé mi apellido francés para la comodidad de mi trabajo. Él conoce mi apellido de casada y mi nombre vietnamita Minh-Tâm (Corazón Iluminado).

Mientras buscaba en Internet, descubrí su sitio. Me aventuro a enviarle un mensaje de texto a las 11 p. m., feliz de encontrar sus datos de contacto. A la mañana siguiente, una mariposa se posó en mi hombro por primera vez mientras hablábamos por teléfono.

Sin saber muy bien por qué, me siento extraña. Esa misma noche nos reunimos para asistir al espectáculo de una amiga en el teatro verde del bosque de Huelgoat.

Toda la noche me quedé impactada, en shock, al encontrarlo. Y ahí, siento que mi corazón y mi cuerpo vibran, sin poder explicarlo.

Han pasado veinticinco años sin ningún contacto. Y, por suerte, ese fin de semana eligió hacer su escapada a la naturaleza en Finisterre, a pocos kilómetros de la casa de mi amiga.

¿Por qué magia de la Vida pudimos encontrarnos? Después descubrí que el cuerpo sabe antes que nuestra mente, que nuestra conciencia. ¡Estoy asombrada, maravillada!

La vida sabe bien antes que nosotros lo que necesitamos.

De vuelta en nuestras vidas, recibo este SMS:

"Puedes dejar que el universo interior haga su Trabajo.
Esto es excepcional, y es la paradoja del desapego vital…
Nuestro reencuentro interior nos espera.
SoY, más allá de la dualidad. "

La "paradoja del desapego Vital" me hizo pensar mucho.
¿Qué quería decirme? Me tomó un tiempo darme cuenta.

Dejé que me llegara la inspiración para escribir otro poema.
Este canal de comunicación continúa abierto:

Caminé mi camino,
Caminaste tu camino,
Y el Universo nos unió.

Nuestros cuerpos se conocieron y se llamaron,
Nuestras Almas se acordaban
Y llamaron a nuestra Conciencia
Para que la reunión se llevara a cabo.

Mirando hacia atrás en el Camino recorrido,
Podemos ver
Todos estos pequeños guijarros blancos esparcidos
En el camino por nuestros Guías,
Para que podamos encontrarnos de nuevo
En esta encrucijada de la Vida tan bella de construir.

Convirtámonos nuevamente en una Llama Divina
nacida de la Fuente,
Dejar de lado nuestros nombres,
nuestras personalidades terrenales.

Y tú, mi Amor Infinito, ya has recorrido la Tierra,
Y me llevas por el camino del descubrimiento del mundo.
Para seguir leyendo el Libro de la Naturaleza y de la Vida.

Me descubro amada por un amor totalmente desconocido y me vuelvo torpe. Cuando me expreso, a veces bruscamente, es con miedo de no ser comprendida, o recibida con lo que está vivo en lo más profundo de mí.

¿Cómo puedo escribir o leer poemas que expresen con palabras mis impresiones, mis sentimientos y sensaciones? Una carta de oráculo expresaba lo que había en lo más profundo de mí.

Gracias a la magia de escribir y leer. Gracias a mis ojos, a mis manos, a mi cerebro, de hecho, a todo mi cuerpo por su capacidad de leer y escribir.

"En un mundo sin coincidencias ni errores,
Eres enviado a mí desde el cielo.
doy gracias a Dios
Por tu dulce presencia en mi vida
Por la gracia de degustar
Tu amabilidad, tu generosidad.
Y sobre todo por nuestro Amor.

Esperé tanto...
Para abrir mi corazón, desnudar mi alma
Para dejar que mi fuerza consuele y mis brazos abracen
Para ofrecer mi sabiduría
Para que el amor en mi despierte
Aunque esto es sólo el comienzo.
Está todo ahí".

~Alana Fairchild et Richard Cohn~

La Vida sabe antes que nosotros ...

¿Lo has experimentado alguna vez? ¿Esto te trae algún recuerdo?

Capítulo 5 – Despertar de las turbulencias

Cada unión íntima despierta de forma natural e inevitable nuestras heridas ocultas y no cicatrizadas. Desde el momento en que el amor permanece como testigo respetuoso a través de una presencia sincera, una mirada, un silencio o una palabra, se produce el apaciguamiento. Es apoyo sin hacerse cargo de lo vivido en el Otro.

"Estoy contigo. Cruza este pasaje suavemente. Tienes todo en ti para curar esta herida. Saldrás con más fuerza, más conciencia. Persevera para encontrar tu diamante interior, para reconciliarte con tu Ser Divino.

Atreverse a revelar sus miedos conscientes a los demás requiere mucho coraje y amor a sí mismo. Y mucha confianza en el amor de los demás por uno mismo.

A veces el amor recibido toca tan intensamente nuestra vulnerabilidad que nuestro Corazón evita o renuncia al Amor. Se mantiene en su zona de confort para evitar el riesgo de volver a lesionarse. También puede temer ser feliz en un estado desconocido, inusual y confuso para él, nuestro querido corazón asustado.

¿Cómo puedes sentirte libre en tu cabeza, libre en tu corazón, para amar sin sentirte confinado o en peligro?

Eres mi vulnerabilidad,
Soy tu vulnerabilidad,
Transformémoslo en una fuerza
de Amor infinito por el mundo.

Nuestra pareja nunca será una pareja convencional.
Una pareja convencional ignora lo Divino en cada persona.

Una Unión sagrada y encarnada se abre hacia el infinito,
Y puede inspirar al Mundo
Para creer en el amor,
Y Reconciliar lo Divino en Uno Mismo y en el Otro.

Me parece que una fuente de sufrimiento en la pareja es la falta de comunicación, por falta de conocimiento primero de uno mismo, luego del otro.

Este paso de conciencia despierta el episodio de mi divorcio del padre de mis hijos después de catorce años de convivencia.

Vivíamos en total armonía sin discutir jamás. Éramos comerciantes y cada uno respetaba su papel bien definido.

Pensé que era feliz. Yo lo era humanamente y el padre de mis hijos también lo era.

El alma a veces es más fuerte que una clásica vida de pareja. Sin embargo, no conocerse, no saber expresarse, generó un gran sufrimiento para cada uno.

Habríamos divorciado tarde o temprano, porque nuestra evolución no siguió el mismo camino, pero ciertamente no como sucedió.

No quería seguir con una vida tranquila y "estrecha" que llevábamos, a mi modo de ver. Toda esta "infelicidad" iba creciendo sin que yo me diera cuenta. Ni siquiera sabía descifrar lo que pasaba dentro de mí.

Un día decidí divorciarme sin poder explicar por qué. Sólo le dije que ya no lo amaba.

Lo cual fue una mentira tanto para mí como para el padre de nuestros hijos, ya que aún hoy el amor sigue presente, ya no como pareja sino como seres individuales.

Fue un divorcio sin palabras, sin lucha, sólo que del día a la mañana me escapé con mi hijo del hogar conyugal.

Cuando tenía seis años, me "arrancaron" de mi niñera francesa para vivir con mi familia vietnamita. Nunca había hablado vietnamita, ni siquiera había comido comida asiática.

Le reproduje lo mismo a mi hijo: un desarraigo brutal. Sólo hablaba vietnamita. Mi hijo y yo fuimos recibidos por primera vez por una pareja de amigos franceses.

No era para nada la madre que había en lo más profundo de mi corazón, la que quería ser y que realmente soy. Simplemente porque ni yo misma no me conocía.

No profundicé en mí misma, no sondeé mi corazón, no me permití amar sin tratar de conformarme a falsas creencias.

Lamento haber hecho pasar a mi hijo por esto. Esto deja huellas que impactan la vida y las decisiones de los adultos, incluso si inicialmente no somos conscientes de ello.

Sin embargo, quería lo mejor para mi hijo. Con su padre, tardamos tres años antes de que pudiera volver a quedarme embarazada después de su hermano mayor.

Cuando nació, estaba tan ansioso que fue su padre quien le dio su primer baño.

Estaba feliz de amamantarlo y que se durmiera boca abajo. Pero la vida de un comerciante es exigente y sólo pude amamantarlo durante dos semanas.

Durante el turno lo hice dormir en el banco del restaurante. Un sábado por la noche, el camarero me llamó para decirme que mi hijo estaba llorando.

Además, en ese momento, los clientes fumaban en la sala. Eso puede ser la causa del asma de mi hijo.

¿Por qué no se enseñan las bases de un cuerpo sano desde la infancia? De esta manera, como adultos, estaríamos más equilibrados en la salud y la vitalidad.

Alrededor de los tres años, cuando empezó a ir a la guardería, yo era cada vez más consciente de que no quería una vida comercial para la infancia de nuestros hijos: días festivos, fines de semana y noches sin vida familiar.

Quería volver a ser empleada con un horario normal. Para el padre de nuestros hijos, era importante ganar mucho dinero para asegurar el futuro de los niños y de los padres ancianos.

Se propuso trabajar duro para asegurar el futuro. Para él, sólo el comercio podría aportarnos este nivel de finanzas. No tenía conciencia de sus objetivos más profundos. Nunca habíamos hablado ni compartido nuestros deseos, nuestros sueños, nuestras metas respectivas o comunes.

El padre de mis hijos, hombre de gran generosidad y grandeza de alma, respetó mis decisiones sin ningún reproche. Sin embargo, fue un gran sufrimiento para él. Afortunadamente, la Vida Benevolente puso en su camino a una mujer extraordinaria de belleza exterior y amor interior para que pudieran experimentar la verdadera felicidad.

> **Al mismo tiempo, acepto que mi conciencia era esa.
> Es importante estar en paz con lo que pasó.**

Por mi parte, me llevó mucho tiempo superar esta culpa. Con el añadido de una carga financiera de veinte años de amortización de las deudas tributarias. Sin embargo, la vida me ayudó porque obtuve la exención de multas por pagos atrasados. Quizás me beneficié de la compasión de alguien en mi camino, por una madre que crió sola a su hijo.

Hoy me doy cuenta de que cada ser tiene sus propias necesidades, sus vulnerabilidades, sus áreas sensibles, conscientes o no, a veces simultáneamente con el otro, a veces no en simbiosis.

"Zona sensible consciente o no" me recuerda a una sesión con Natalia. Me dejé guiar por la exigencia del momento de su cuerpo.

De repente exclama: *"¡Oh! ¡Es sensible, duele! ¡No sabía que me dolía allí!* Le respondo: *"Verás, tu cuerpo sabe guiarte muy bien, dale las gracias, él sabe exactamente lo que tienes que hacer".*

Continúo explorando mi pasado para conocerme mejor y conocer a los demás en sus vulnerabilidades y fortalezas.

Algunos interpretaron mi deseo de compartir como una necesidad de recibir amor. Esto podría ser cierto en algunos casos. La mayor parte del tiempo era mi naturaleza la que se expresaba.

Una comprensión intuitiva de las necesidades de los demás me animó a querer crear felicidad en todo momento y en todo lugar. A veces muy torpemente y asustaba a la otra persona. Otras veces golpeó bien y la persona recibió un golpe profundo.

En un momento de mi vida, me fusioné demasiado rápido con un hombre. Tenía cuarenta y dos años y tres hijos adorables. Sin embargo, antes incluso de construir nada, prefirió dejar la relación y me dijo:

"Me percibes demasiado, eres la primera que me hace llorar, expresar mis emociones. Me suelto sin querer, si sigo". contigo moriré"!

¿Cómo interpretar sus palabras? Estaba angustiada. Al no conocerme lo suficiente, me aferré a los juicios que se hacían sobre mí.

"Lo entiendo. Él ha percibido quién eres. Se fue para salvar su pellejo. Los forasteros no conocen tu verdadero rostro. Tan pronto como un hombre te conoce mejor, huirá o te dejará, una vez que hayas quitado la juventud, porque eres bonita. Era inteligente. Si quieres ser amada, primero abre tu corazón. Lo que un hombre mira no es la belleza, es la belleza interior".

¿Estas palabras promueven el perdón o el amor propio, incluso si se dicen con una buena intención?

¡Cómo las palabras pueden herir, reparar y calmar!

Hoy lo entiendo de otra manera.

Era un hombre de extrema sensibilidad que había desarrollado una fuerza "frágil" para proteger su corazón. Llegué con mi idea de crear felicidad, sin diplomacia ni delicadeza hacia zonas sensibles que domar. Además, todavía no era consciente de mi capacidad para sentir a los demás y crear un vínculo.

¿Cómo podía haber sido delicada en mi enfoque? ¿Tomaré el tiempo para domar su sensibilidad, su vulnerabilidad?

Sin embargo; en mis interacciones con los que están menos cerca de mí todo era fluido, ligero y armonioso, mientras que en mis relaciones más íntimas todo podía ser confuso, caótico, incomprensible.

¿Quién era yo entonces?

¿La que está en armonía y fluidez con "extraños"? Como decía mi tía. ¡Para ella, había por un lado la familia y por el otro los demás!

¿Era yo la que estaba confundida, indiferente hacia los demás, desalmada, insensible y despiadada?

¿Mis acciones validaban sus juicios hasta este punto? Probablemente había algo de verdad en sus juicios.

> **Luchar contra el odio a uno mismo nunca puede traer la paz ni sembrar las semillas del amor hacia uno mismo.**

Entonces me encontraba emocionalmente anclada completamente desorientada. ¡Estaba tan perdida en la verdad de: ¿Quién soy yo?!

Conocer tus propias zonas sensibles, conocer tus necesidades, tu forma de operar, es como aprender a conocer las reglas de un juego para jugar mejor y divertirse. ¿Cómo puedo jugar bien y disfrutar en un juego si no conozco las reglas?

"*Respeto totalmente quién eres*". ¿Pero es ésta la realidad que experimento tanto yo como el otro?

¿Cómo puedo respetar a los demás y hacer que se sientan verdaderamente respetados si no sé cómo funcionan, sus fortalezas y sus vulnerabilidades? Si yo mismo no conozco mis propias fortalezas y vulnerabilidades.

En primer lugar, ponte "en tu propia piel", conócete, acéptate "luz y sombra", ámate a ti mismo.

Luego, en segundo lugar, ponerse "en el lugar del otro" y comprenderlo, aceptarlo, amarlo.

Cultivar la confianza para que otros se atrevan a compartir su autenticidad. **Aprende a reconocer tus zonas sensibles**, tus necesidades, tu modo de actuar con dulzura y delicadeza.

De esta manera, quien se **ATREVA a revelarse, PERMITIRÁ que el otro** lo respete totalmente, precisamente porque entre ellos ya circula un amor o una amistad sincera.

Conocerte a ti mismo, ATREVERTE a hablarle a los demás sobre ti, te permite respetarte plenamente y recibir amor o amistad.

Siempre habrá en los silencios, en lo no dicho o en el "inconsciente", el inevitable riesgo de herir involuntariamente a otros.

"ATRÉVETE A HABLARTE" ofrece ese profundo respeto por quiénes somos. De esta manera mostramos a los demás nuestra confianza en su amor, en su amistad.

No tenemos que cambiarnos por el otro ni cambiar al otro por nosotros. Pero podemos avanzar hacia una mayor comprensión mutua.

Elegir vivir el Amor esencialmente nos permite no herir la vulnerabilidad de los demás y también tranquilizarnos a nosotros mismos. De este modo, el amor puede madurar y crecer libremente **para transformarse en una poderosa energía curativa para ambos.**

Con todo mi viaje caótico experimentado, se ha convertido en mi deseo y mi visión de que una conexión humana se vuelva divina.

6to descanso: Reconexión consigo mismo

Ponte una máscara de descanso o un pañuelo sobre los ojos para estar realmente en la oscuridad. Esto favorece tu relajación y tu atención a tus sensaciones corporales. Ahora descubre tus manos sólo al tacto. Tómate estos dos minutos de tiempo sagrado para calmarte. Escanea este código QR para acceder al audio:

Capítulo 6 – Mi camino hacia lo Divino

"Dos cosas participan en el conocimiento,
El Silencio tranquilo y la interioridad."
~Buda~

En soledad con la Naturaleza, a veces sentimos espontáneamente lo Divino dentro de nosotros mismos.

"Si nos sentimos
Tan a gusto al aire libre,
Es porque Ella no tiene ninguna opinión sobre nosotros".
~Friedrich Nietzsche~

Alcanzar lo Divino frente a la Belleza de la Naturaleza puede ser fácil y, a menudo, espontáneo.

Al aire libre, a veces la noción del tiempo se desvanece. En esos momentos de conexión con la Madre Tierra, el Padre Cielo, ¿a dónde han ido a parar nuestras preocupaciones?

Sólo el momento presente es real, palpable en cada célula de nuestro cuerpo. La Vida pasa a través de nosotros sigilosa y suavemente. Este fue **mi primer camino.**

Alcanzar lo Divino a través de la Soledad y el Silencio puede resultar difícil y al mismo tiempo tranquilizador.

Este segundo camino es necesario y esencial para reconectarse con lo Divino dentro de uno mismo. Mi experiencia llegó a trompicones.

Alcanzar lo Divino en Unión con el Otro es ciertamente la más difícil y **virtuosa de las victorias** y logros internos.

Personalidades, miedos, heridas profundas, fragilidades salen a la luz. **Un desafío y una iniciación** donde aprendemos a amar a los demás, respetándonos a nosotros mismos. **Dejarnos amar tal como somos amando y respetando al Otro tal como es.** Honramos así lo Divino en Uno Mismo y en el Otro.

Buscar y lograr la felicidad espiritual inalterable es una experiencia sublime. Sin embargo, también somos hombre o mujer encarnados y **tocar lo Divino a través de la Unión** es, en mi opinión, **el tercer camino** que completa los otros dos.

1ª, 2ª o 3ª vía, cada uno puede elegirla
Y recorrerla a su propio ritmo,
En los vericuetos del Laberinto del Amor.

Los días se suceden y cada día es único.
Escuchemos el Silencio porque es muy hablador...

El Silencio revela dudas,
El Silencio despierta la falta de confianza en uno mismo,
El Silencio exacerba los miedos,
El Silencio expone las emociones enterradas…
Inesperadamente, llega la aceptación de lo que dice el Silencio...

Entonces el Silencio se convierte en Claridad,
Un Silencio que ilumina,
Un Silencio que refleja,

Un Silencio que se abre a la Verdad del Ser,
Un Silencio que impregna…

Un Silencio que nutre el Alma y el Corazón en paz,
Un Silencio que reconecta con lo Divino, con la Fuente.

Gracias Silencio,
Revelador de la Fuente Original del Ser.

El Silencio abre el Camino hacia uno mismo...

Capítulo 7 – Reconocer y aceptar lo Divino

Dos Extrañas Criaturas de otro lugar,
Buscan domesticarse Unas a Otras.
Cada uno tiene su propia ruta de navegación
Del Laberinto del Amor.

¿Aceptarán el Regalo Divino?
¿Compartir su propio Hilo con el Otro?
Más allá de este Amor inagotable de la Fuente
Que ya circula entre Ellas.

Necesitan sentir profundamente dentro de sí mismas,
Que sean vistas, oídas, comprendidas, aceptadas
Y respetadas las Unas por las Otras.

Así, su Corazón, su Cuerpo y su Alma
están tranquilas y satisfechas,
Individualmente y Juntas.

A veces la vida nos da la oportunidad de conocer personas que viven y respiran sus valores. Están en coherencia y unión total con lo Divino dentro de ellos. Así percibo yo y siento el Amor Infinito de mi vida. Constantemente se convierte e intensifica para sí mismo y para el mundo su propia búsqueda de:

"¿Quién soy yo?"

La única investigación en su sentido que puede calmar y sanar sinceramente todos nuestros conflictos internos y externos.

La única búsqueda verdadera que puede traer auténticamente la paz dentro de uno mismo y en el mundo; un respeto por la Naturaleza, por la Vida, por todos los seres del mundo mineral, vegetal, animal y humano. Vive en gran coherencia de alma y de corazón, en unidad entre su forma de vivir, de amar, de trabajar. Una Unidad y un Anclaje tan inspiradores, una fuerza silenciosa, gentil y penetrante.

De vez en cuando, tornados, remolinos y tormentas, invisibles a los ojos del mundo, configuran quién es. Lo percibo como un Arquero que conoce y apunta a su objetivo sin desviar nunca su brazo, su mirada, su postura anclada. **Él es UNO con la flecha, el arco y la diana, el objetivo.**

Él es el primero que, hace veinticinco años, ha percibido, incluso antes de su aparición en mi propia conciencia, el **objetivo** de mi corazón que nunca se ha desviado a pesar de todas las apariencias.

"…Como en todo ser, es una joya en ti…la reconocí entonces y aún la reconozco. Tú eres Eso y sabes la importancia de eso. Es muy preciosa… Esta semilla la siembras incansablemente. Esto es muy hermoso".

Me hizo darme cuenta de que en el fondo de mí tengo un objetivo al que siempre he apuntado. Sin embargo, mi mirada, mi mano, mi cuerpo, mi arco están constantemente tratando de ajustarse y están en constante movimiento.

Mis tormentos y mis caminos erróneos también confirman el valor de quien soy hoy. Algunos me miran y sólo ven mis movimientos y no mi objetivo, que se ha vuelto invisible a sus ojos.

Sondeando nuestra verdadera naturaleza
poderosa y luminosa,
Al unísono con nuestra naturaleza
impotente y oscura,
Es nuestra mayor riqueza.
La profundidad y sinceridad de nuestra búsqueda,
Nadie se los puede apropiar.

Poema escrito tras el trato recibido de Amor.

Saint Thurial Brittany Francia

Mis pies arraigados en la Madre Tierra,
Mis manos levantadas hacia el Padre–Cielo,

Mi mente liberada
Nubes blancas y grises,

Mi corazón se une a la inmensidad del Vacío–plenitud.
De la Naturaleza corriendo hacia mi cuerpo

Derretido en el arco iris,
La Vida–En–Sí circula ahora libremente.

El Amor continúa su trayectoria en el tiempo…

En el hueco de tus brazos,
Me convierto en Ola de Eternidad,
Preciosa Ofrenda de tu poderosa fuerza silenciosa.

Dos Almas individuales se reconocen
En Una nacida de la Fuente.
El Amor Infinito que circula se posa suavemente
En sus Corazones en ciernes.

Este Arcoíris Divino
Que se conecta y se reconcilia a todos los Seres,
Reconoce su Esencia uno en Sí mismo.

Es sólo encontrándote,
Que entendí mi viaje
Y la verdadera promesa de mi Alma.

Es Gracia excepcional e infinita.
Gracias... por Quién Eres
Gracias por tu Amor.

Un texto inspirador sobre el proceso alquímico leído "por casualidad" en Internet. Llegó en el momento justo. Lo más sorprendente es que nunca pude encontrar este texto después.

Este texto responde a algunas preguntas que me hice en ese momento. No sabía cómo manejar las emociones de mi corazón, los mensajes del cielo, la agitación de mi cuerpo.

"Quien sabe transmutar la materia en luz a través del cuerpo es capaz de asimilar la enseñanza del cielo y transformarla en luz visible.

El cuerpo va en ambos sentidos, también es capaz de transformar el mensaje celestial en ideas comprensibles.

Estás en el mundo de la experiencia concreta y es a través del cuerpo que experimentas.

Puedes recibir del cielo y ofrecer al mundo, así como puedes absorber el peso de la tierra y ofrecerlo a la Luz (el Universo). En uno transformas la Luz (los mensajes celestiales) en amor tangible. En el otro corriges el amor distorsionado y lo transformas en Luz.

Cada vez que recibas un mensaje del cielo, debes traducirlo a un lenguaje comprensible y ofrecerlo al mundo.

Cada vez que te encuentres con el sufrimiento debes acogerlo, recibirlo en tu cuerpo, transmutarlo y ofrecerlo al Universo.

Recibes de la Tierra y das al Cielo, recibes del Cielo y das a la Tierra.

Si recibes sin dar tendrás demasiado y vivirás bajo tensión. Si das sin recibir rápidamente te quedarás vacío y perderás tu energía y tu vitalidad.

Cuando mantengas este equilibrio ya no tendrás que buscar, ni dar ni recibir. La sincronización se establecerá por si sola, porque estarás en el medio correcto; en el camino del Amor.

En el camino del medio todo te será dado, no tienes que esforzarte para ganarte la vida ni para tener relaciones.

Siempre encontrarás lo que más te conviene, justo en el momento adecuado.

Mantén este equilibrio enfocándote en tu cuerpo y tendrás todos los tesoros del universo a tu disposición, porque tu mente estará conectada a tu corazón y no tendrás problema en alinearte con la voluntad del cielo. Él será el hacedor de tesoros a través de tu cuerpo.

La mente es el procesador y el cuerpo es el transformador. Tú eres el líder que dirige esta operación, que recibe la inspiración del cielo, él es tu corazón, dándole sustancia en la materia.

~Yahanta, Esprit de l'Eau~

~Yahanta, Espíritu de Agua~

Capítulo 8 – ¿Cómo describir una Unión Sagrada?

"La espiritualidad requiere
En primer lugar, una cultura del corazón,
Fuerza inmensa y audacia inquebrantable".
~Gandhi~

Es difícil imaginar una unión sagrada tan inesperada y excepcional. Y, sin embargo, ¡es tan real!

¡Es muy diferente de un amor humano que ya es hermoso y extraordinario de experimentar!

En mi opinión, una unión sagrada la experimentan dos seres que ya se reconocen divinos unidos a la Fuente.

Pueden ser muy diferentes ya que son únicos y extrañamente complementarios. Además, emana una simetría en sus aspiraciones, sus visiones y su misión de vida en la tierra.

Con el tiempo, se unen en la singularidad de su complementariedad.

También son dos seres que priorizan lo Divino dentro de Ellos mismos antes que en su personalidad terrenal. **¡¡¡Lo Divino y lo Terrenal a veces pueden estar en total armonía, mientras que otras veces no!!!** Pero el Amor divino entre ellos siempre vence.

Es un proceso que despierta y reaviva la gratitud y el asombro de un amor plenamente experimentado y realizado por uno mismo y por el otro.

Sin embargo, no es un mar sin olas, un cielo sin nubes. La Vida sigue pasando a través de nosotros con todos sus paisajes llanos, desérticos, abruptos, escarpados, verdes, exuberantes, pero sin embargo maravillosos.

Un largo período de maduración me permitió comprender el mensaje recibido tras nuestro reencuentro.

"Puedes dejar que el Universo interior haga Su Trabajo.
Esto es excepcional y es la paradoja del Desapego Vital...

Nos esperes nuestro Reencuentro "interior".
SOY, alguien que trasciende la dualidad...".

Eres Tú en tu plenitud en la Fuente,
Soy Yo en mi Totalidad en la Fuente.

Y los Dos intercambian
En su complementariedad,
Para servir a la Vida, individualmente y juntos.

Nuestro amor debe cuidar de proteger,
Amplificar estas Energías curativas y curadoras,
para sí y para el mundo.

Has recorrido tu camino en línea recta,
Hiciste novillos desde la escuela
Para comprender mejor las emociones humanas.

Nuestras Energías Divinas al Servicio de la Vida
Tienen prioridad sobre nosotros,
Esta es la promesa de nuestras Almas.

Capítulo 9 – Comprensión

Cada vez soy más consciente de "**Cuánto sabe la Vida antes que nosotros**". Siento una creciente gratitud y asombro hacia la Vida.

Ella nos dio una brújula interna a través del lenguaje de nuestras sensaciones corporales. Nos revela el camino correcto y el que debemos evitar. **Sólo que nunca aprendimos a entender su idioma, su lenguaje.**

Mientras examino cuidadosamente mi pasado, me doy cuenta de que:

Cuando seguí mi intuición y las posibilidades de la Vida, entonces recibí mucha alegría.

Cuando seguí las creencias, esto causó mucho sufrimiento. Quería cumplir con un deber mal comprendido.

No escuché ni entendí ninguno de los susurros de mi cuerpo: *"No es la elección correcta".*

¡Escuchar los susurros de mi cuerpo!

¡Cómo dos decisiones tuvieron un impacto significativo en mi vida!

Por un lado, seguí mi intuición.

Me encantó lo que hice y la gente con la que trabajé como asistente de cine en Warner Bros.

Sin embargo, mi corazón no quedó satisfecho. Mientras conducía, ví un cartel: **Salón del Estudiante**, ya tenía treinta y ocho años. Decido ir a ver. ¡Allí descubrí una escuela de osteopatía que me atrajo inmediatamente! Luego **comencé mis estudios de osteopatía** donde conocí a otro estudiante, que se convirtió en uno de mis parejas de práctica.

Veinticinco años después, la Vida organiza nuestro reencuentro y la inesperada revelación de un amor profundo que había pasado desapercibido para mí.

Por el otro, seguí con mis miedos.

A los treinta y seis años, un mes antes de mi segundo matrimonio, **mi cuerpo me alertó de un malestar.** ¡Ya no quiero casarme con este hombre simpático pero agorafóbico! Pensé que podría salvarlo. Mis creencias sobre el amor y mi formación me hicieron pensar que podía curarlo.

Al mismo tiempo, me sentía culpable por ya no querer casarme y por decepcionar a mis futuros suegros. Me dieron un amor inmenso. Así que amordacé los mensajes de mi cuerpo y me casé de todos modos. En realidad, me "casé" realmente con mis suegros, redescubriendo la sencillez y la felicidad de vivir en familia como lo experimenté con mi niñera. Quería otro niño y una vida familiar, pero a los dos meses y medio tuve un aborto espontáneo.

Después de una madura reflexión, nos divorciamos amigablemente cinco años después. Era obvio para nosotros.

Hasta que hayas integrado
El inconsciente consciente,
Él gobernará tu vida,
Y lo llamarás Destino.
~Carl Jung~

La vida continúa su Camino…

Siempre con sus múltiples paisajes. Y esto es lo que me depara el 2024.

www.michelinephan.com

Capítulo 10 – La Vida sigue su Camino

El 14 de enero de 2024 me despierto con este pensamiento. Este año estoy llamada a recorrer el Camino de Santiago en España durante un período de 45 días.

Es un deseo de cuando tenía quince años: viajar y descubrir el mundo a pie y con mochila incluido el Camino de Santiago. Tuve la tentación, de no hacerlo, después de la muerte de mi madre.

Preferí hacer el bachillerato a los dieciséis años y justo ese año conocí al padre de mis hijos.

> 42 días de caminata en solitario hasta Santiago de Compostela
> 700 kms 978.725 pasos!

¿Es esta una cifra impresionante? ¡Y sin embargo es **sólo** la acumulación de **un día a la vez!**

¡La Magia del Camino!

Cada vez que casi me pierdo al salir de los pueblos o de una gran ciudad como Burgos, León, Ponferrada o Pontevedra, a veces aparecía de la nada un peregrino o una persona del pueblo para indicarme el camino.

> **¡Cada día es único y no se puede reproducir!**
> **¡La Vida sabe antes que nosotros lo que necesitamos!**

La Vida sabe y prepara su regalo para nosotros ...

Un día caminando por el Camino Invierno llego al Hostal (Albergue Donativo de A Rùa) que sólo abre a las 16:00 horas. Llego al mediodía. El centro de la ciudad está un poco lejos y no quiero andar por la ciudad con la mochila.

Llamo a la Hospitalaria, la administradora del albergue, para que me permitiera dejar mi bolso e ir a explorar el pueblo a 1 km de distancia.

Ella se niega categóricamente. Ésta es la regla. No se aceptan reservas ni registrarse antes de las 16:00 horas.

Estoy sentada en el banco frente a la posada a pleno sol. Elijo esperar cuatro horas allí. Está empezando a hacer calor.

Llega una mujer, aparca delante, me mira y me pregunta si hablo inglés.

Empezamos a charlar en inglés, luego en español para descubrir que ella habla francés y que yo soy de Francia.

María de Asunción es presidenta de la Asociación de Amigos de Santiago de la comarca de A Rùa. Se ofrece a guardar mi bolso en el maletero de su coche y me explica cómo puedo llegar al centro de la ciudad.

Una cosa llevó a la otra, ella se ofreció a llevarme allí, luego tomamos el té y durante nuestras conversaciones me invitó a descubrir la región. Acepto con alegría y se lo agradezco, llena de gratitud por este regalo inesperado.

En lugar de esperar cuatro horas en el banco, aquí estoy compartiendo un momento único con esta mujer que me revela que es terapeuta y prepara su propio aceite de tratamiento con plantas de montaña que me va a hacer descubrir.

Recibo el regalo de poder meditar un momento con gratitud sobre una roca en A Fraga a 700m de altitud, fuera del Camino de Santiago. Almorzamos juntas y ella me deja en el albergue a las 16:00 horas.

«Gracias de todo corazón querida María de Asunción por este lugar de meditación, por tu bondad y por tu «aceite de cuidado». Me siento honrada de tu confianza al darme la fórmula de tu preparación. Te estoy muy agradecida».

Sobre esta peña de A Fraga, en este paisaje, en meditación y en conexión con el Amor de mi vida, recibo este mensaje.

"Permanece como eso que se logra fácilmente
Cuando la persona está convencida de que no es diferente del
Absoluto supremo, eso se logra, se realiza.
Cuando esta convicción se vuelve firme en la experiencia de la
dicha suprema de la Realidad,
De Eso que produce un sentimiento incomparable
Y completo con logros,
Cuando la mente está absorta en ello.
Sé siempre feliz
Sin el más mínimo rastro de pensamiento".

¡Esta aventura no termina ahí!

Una vez en la cama, una voz interior me dijo que le comprara una botella de su aceite y que le diera las gracias ofreciéndole un masaje.

En el Camino sólo podremos quedarnos una noche en cada etapa. Mañana sigo una nueva etapa.

¡A las 7:30, todos afuera! ¡Tenemos que salir de la posada! Estas son las reglas de este albergue.

¿Cómo lograr lo que me dicta mi voz interior? A pesar de las convenciones de no molestar antes o después de cierto tiempo, le envío un WhatsApp para explicarle que compro su aceite y le muestro mi oferta para ofrecerle un masaje para su dolor en las piernas.

Contra todo pronóstico, María me contesta, acepta y un taxi vendrá a recogerme a las 7:30 para llevarme a su casa. Ella recibe mi sesión y para agradecerme me ofrece una botella del aceite que prepara para sus pacientes. También me envía su fórmula para que pueda continuar esta preparación una vez de vuelta a Francia.

Cuando elegí esperar cuatro horas en el banco frente a la posada, la Vida ya me había preparado un maravilloso regalo... **¡Y eso no es todo!** ...

La Hospitalaria de este albergue se llama María L. Durante la comida comunitaria nos enamoramos. Vive en Corcubión cerca de Fisterra, un lugar casi imprescindible al final del Camino de Santiago.

«Gracias de todo corazón querida María por tu invitación a venir y descubrir tu encantador pueblecito Corcubión. Fue un gran placer compartir un momento contigo. Un fuerte abrazo».

María es una mujer de buen corazón que atiende con esmero a los peregrinos con rigor y amabilidad. Ella me lleva a las alturas para sumergirme en magníficos paisajes.

Almorzamos juntas y luego le doy las gracias a María con un masaje en su casa. Las energías de amor que recibo de la Vida fluyen a través de mí y pasan por mi ser y mis manos. Así expreso mejor mi agradecimiento a los seres y a la Vida por todos los regalos que recibo. Después del masaje, María me deja a las 16:00 horas hora de recepción de peregrinos en este «Albergue Municipal de Corcubión».

Cada día es único y no reproducible

Al día siguiente de mi etapa en A Rua llego a las 11:15 horas al Albergue A Pobra do Brollón. El horario habitual de registro es a las 2:00 p.m.

Llamo a la Hospitalaria Annabel. Ella viene a abrir la puerta, me registra, me instala, se ofrece a prepararme un almuerzo tranquilamente y a disfrutar del jardín.

Estoy sola en la posada antes de que lleguen los demás peregrinos. Inesperadamente, encontré las circunstancias ideales para mi entrevista con Mariam Baya de Burkina Faso, creadora de la primera Cumbre "Prosperar como Mujeres". La semana anterior, la red en África no estaba disponible. Tuvimos que posponer esta entrevista.

Justo antes de irme, Mariam me pide que intervenga en su evento. Estaré de Camino y hay diferencia horaria con Burkina Faso. Me siento conmovida y honrada por su invitación. Le dije que sí sin saber cómo íbamos a proceder.

Cada día es diferente, aunque duerma todos los días en una posada del Camino. Los procesos de llegada a veces son los mismos, a veces completamente diferentes.

Es más, avanzar día tras día hacia un nuevo destino te hace aún más **consciente** de que **cada día es impredecible y único.**

Ayer tuve que esperar la hora oficial. Hoy me reciben tan pronto como llego.

Mirando hacia atrás, entiendo por qué María tiene que respetar el horario de las 16.00 horas. Ella se encarga sola de la limpieza, la cocina, las llegadas, además del pequeño obsequio que se prepara para regalarnos.

Así que, **juzgar porque las cosas no suceden como queremos, queremos o planificamos es contraproducente para la Vida que sabe antes que nosotros.**

Atréverse…Pedir…

Monte Do Faro, el pico más alto de la sierra con 1187 m desde donde podemos observar las cuatro provincias gallegas. Etapa de **28 kilómetros sin servicios ni pueblos con previsión de lluvia.** Desde hace dos días **estoy molesta, contrariada, por no atreverme a hacerlo sola y frustrada por tener que rendirme.** Se trata de un camino mítico por el que los peregrinos desde la antigüedad subían de rodillas los últimos cien metros bordeados de cruces a cada lado para llegar a la *Ermita de Nosa Señora do Faro.*

Dos noches seguidas encontré a un peregrino, Mario, en una posada. Empezamos a intercambiar. Es español y vive en México. Ha caminado 30 km por día durante 35 días. Se me ocurre una idea loca. **Atreverme a pedirle que me acompañe en esta siguiente etapa.** Esto significa para él hacer una etapa corta de 12 km para partir al día siguiente conmigo. Él acepta darme este regalo. Le agradezco con un tratamiento para su dolor en los pies. Salimos por la mañana bajo un arco iris y volvemos a bajar bajo una lluvia torrencial justo después de llegar al Monte Do Faro. **Estoy llena de alegría y gratitud.**

«Mario, Te agradezco mucho que hayas renunciado a caminar 30kms para acompañarme. Me permitiste cumplir un deseo».

Escríbete una carta de amor por una vez...

Permítete escribir, otra forma de decir "te amo"

TERCERA PARTE

Calda del Reis
Del Camino Portugués de Santiago de Compostela

Conclusión

Cuanto más exploro el Laberinto del Amor, más siento la llamada y la importancia de **unificarnos dentro de nosotros mismos a través de la brújula interior que nos ofrece la Vida**.

Permitirse una forma de aprendizaje mayéutico de "maternidad, paternidad, auto maternidad, auto paternidad" a través del cuerpo, la palabra y la escucha en el lugar que le corresponde. Cada ser debe seguir siendo libre, autónomo e independiente, aunque sea una petición de apoyo.

¡Cada camino hacia la resiliencia y la paz es único!

En primer lugar, ponte "en tu propia piel": es decir, compréndete, acéptate, ámate.

En segundo lugar, ponte "en el lugar del otro": es decir, comprenderlo, aceptarlo, amarlo.

"Amarse, amar, dejarse amar por ti mismo, A través de los demás y de la Vida misma".

Aceptar experimentar dentro de nosotros mismos todos los paisajes y ritmos de nuestra naturaleza y de la Naturaleza es muy liberador. **Ya no tienes expectativas sobre lo que debe ser.**

Ya no luches contra lo que no debería ser. Sin embargo, es un proceso a largo plazo. Lo cual continúa y continuará hasta el final de mi vida.

En la sesión, establezco el contacto con mis manos, escucho y espero. **Me dejo guiar.** No hay intención hacia el otro y **animo a la persona a que no tenga expectativas sobre ella.**

Me siento feliz y en paz al descubrir el significado y la coherencia entre mi experiencia y mi vocación.

> *Reconectar a la persona con su Cuerpo,*
> *Liberar su Corazón,*
> *Calmar su Cerebro*
> *Y reconciliar estas tres dimensiones íntimas.*

Cómo a través de la palabra, del tocar y escuchar, puedo trabajar para iniciar en la persona el deseo de delinear o profundizar su propio camino de paz y amor propio.

Cuando iniciamos sinceramente nuestro camino de paz, **la Vida sabe antes que nosotros lo que necesitamos para avanzar paso tras paso.**

La Sabiduría de la Vida y nuestra dedicación a vivir la paz dentro de nosotros mismos y para el mundo, crean una **espiral virtuosa** de eventos que van más **allá de nuestra imaginación.**

Mi corazón rebosa de alegría al recordar la infinita riqueza del amor que siempre he recibido. Sólo mi gratitud puede expresar la maravilla vivida.

¡Me tomó tanto tiempo para reconocer, aceptar y acoger el Amor y la Vida!

"La felicidad se da a quienes han superado el miedo a vivir y que consideran su vida como una chispa sagrada en la continuidad de los tiempos". ~Dugpa Rimpoché~

Mi esperanza es que esta lectura susurre en el oído de tu corazón una reconciliación íntima que te guíe suavemente por tu propio camino de paz, amor y gratitud.

**Que acto de amor quieres
ofrecerte ahora?**

Quedo a tu disposición,
Micheline Minh–Tâm Phan

Descubre mi práctica

Gracias a mis Ayudantes del Destino

Más que agradecimiento, he elegido llevaros por el camino que he recorrido con hombres y mujeres anónimos o ilustres que **me han construido y han marcado mi historia. Su valor es inmenso.**

Si te apetece, sal a descubrir estas riquezas humanas que han marcado mi vida a veces en **un minuto, una hora o en infinitas horas.**

Elegir el orden de escritura fue muy difícil para mí. En primer lugar, elegí nombrar a quienes me dieron el detonante para dar un paso importante en mi vida, desde los tiempos más recientes hasta los más lejanos.

Mientras escribo siento en todas mis células, en mi corazón, en mi alma, el inmenso agradecimiento hacia estos seres extraordinarios que la Vida me ha presentado. Qué mejor manera de expresar mi infinito, profundo y sincero agradecimiento por estos seres, sino celebrar su belleza y a veces su misión.

Gracias a mis **Guías** de lo **Invisible** y a los **Arcángeles** que se manifestaron para guiarme en el camino de mi alma y en la escritura de este libro.

Sin Ellos, este libro simplemente no existiría.

Están siempre presentes a mi lado, aunque no siempre sea consciente de Ello.

Gracias a **Fana**, un encuentro y conexión sorprendente. Ella me ayudó a explorar todas mis áreas oscuras para que las integrara en mí y para que fueran transmutadas en una fuerza de amor incondicional hacia mí y luego hacia los demás. Es una profesora y una artista rica en talento y humanidad. Ante mi terquedad de no creer en mí misma, ella me decía: *"Yo creo en ti, los Guías creen en ti, pero si no quieres creer en ti misma, nadie podrá hacer nada por ti".*

Noel, mientras compartía con ella algunos de mis escritos, me dijo: *"¡Todo lo que escribiste da tanta dulzura y esperanza! Además, tiene un alcance universal. Hay que darlo a conocer, se podría hacer un post todos los días en las redes".* Ahora bien, ¡no soy en absoluto *"yo"*! *"Gracias Fana, me inspiraste a escribir este libro".* Al día siguiente, sin saber por qué, comencé a estructurar mis poemas y mis cartas. A partir de entonces escribí bajo una inspiración fluida y desconocida.

Gracias al infinito Amor de mi vida, cuya humildad, sencillez y silenciosa fuerza impactan a todos los que entran en contacto con ella. Su amor me acompaña siempre, en todo momento, en todo lugar y a lo largo de este libro.

Gracias a **Ondina**, una mujer de buen corazón que escribió un libro fabuloso para niños. "Buenos días". *"Fue gracias a tu acogida en tu casa que pude encontrar el amor de mi vida. GRACIAS"*.

Gracias a **Gérald**, un encuentro y una conexión inesperados y excepcionales durante un seminario sobre la superación de uno mismo durante una caminata sobre el fuego. Sólo tuvimos algunos intercambios durante la firma de sus libros.

Una mañana me vino a la mente su nombre: tuve que preguntarle si podía leer mi manuscrito y contarme sus reacciones, sus sentimientos. Dudaba que mis escritos pudieran aportar algún valor al lector. *"Aceptaste con alegría y sencillez. Te estoy profundamente agradecido"*.

Su trayectoria vital y su trabajo por la educación, la protección del planeta, su amor por las personas me dan confianza en el valor de sus sentimientos. Unos días más tarde, surgió otra idea loca: pedirle que hiciera el prólogo de mi libro. Muchas gracias, **Gérald**. *"Me dijiste SÍ otra vez antes de que pudiera enviarte mi manuscrito"*. **Gérald** vive en Nueva Zelanda y a pesar de la distancia y de su agenda, se pone a disposición para responder a cada una de mis solicitudes, para que el libro llegue hasta su publicación. La misión de vida de Gérald es ayudar a preservar nuestros ecosistemas, intentar alcanzar niveles más altos de conciencia y ayudar a la humanidad a hacer lo mismo.

Gracias **Arlette**. "Me ofreces incondicionalmente tu tiempo para la claridad de mi escritura y para que no se me escape ningún error tipográfico. Todo mi agradecimiento". Tu humor travieso distrae mi mente que de vez en cuando crea escenarios de desastre: "¡Ah! Estás en el Lavador Divino, pero ¿en qué programa estás? ¿Prelavado, lavado, centrifugado?! No sé ".

Arlette, profesora de primaria que dio a sus alumnos la preciosa capacidad de pensar por sí mismos, de ser lo que quieren y de vivir su creatividad con total libertad.

Al comienzo de cada clase, les recordó estas dos instrucciones. *"¡Aquí no hay problemas, sólo hay soluciones" y "¡Tienes derecho a hacer cualquier cosa menos arruinar la vida de tu prójimo"*!

Gracias a **Laurent**, un encuentro casual de diez minutos durante el seminario Mindvalley de seiscientas personas en París. Aceptó ofrecerme **un regalo de bondad**: tomarle una foto para poder enviársela a una amiga, cuidadora de su compañero.

Laurent es la voz francesa de Sadhguru "Yogui defensor del suelo y de la Naturaleza", en la plataforma Mindvalley. Además de prestar su voz, **Laurent** es Life Coach certificado, que acompaña a los emprendedores en su recorrido profesional y personal desde la idea, la validación del binomio producto/mercado, el crecimiento, el pivote o el rebote.

Su credo: *"Aprendemos a lo largo de la vida, nunca pierdo, o gano o aprendo. El éxito es ir de fracaso en fracaso sin perder el entusiasmo".*

La vida es ingeniosa. Gracias a **Laurent** y a la magia de la vida, hoy vivo en Bretaña en un remanso de paz y de amor.

"Inmensa gratitud porque sin ti, Laurent, más allá de tu ayuda para mi espacio de vida, el audio–libro nunca hubiera sido posible".

Gracias a **Madi**, que desde el principio accedió a ilustrar la portada con una acuarela. Es ilustradora de libros infantiles. La vida decidió otra cosa. **Madi**, atrapada en el torbellino de la vida, no pudo ayudarme, aunque su corazón así lo deseaba.

Gracias a **Florence**, que espontáneamente se ofreció a componer la portada de mi libro. Un encuentro gracias a las sesiones de automasaje ofrecidas en LinkedIn durante el primer confinamiento. El tiempo ha hecho su trabajo para que nos hagamos amigas. *"Muchísimas gracias por tu entusiasmo y tu amistad. Más allá de crear el modelo para la portada del libro, pones todo tu corazón en lograr que este libro transmita la belleza de los paisajes del Camino".*

Gracias a **Farida**, que en pleno confinamiento de 2020 **apoyó en almuerzos y cenas a un grupo de emprendedores**, cuya actividad presencial se había detenido brutalmente. Farida vio oportunidades donde yo vi obstáculos.

La misión de vida de **Farida** es alentar a todos a cultivar una mentalidad de prosperidad en cada área de sus vidas y así vivir una vida plena.

Su visión me llenó de energía. A partir de ahí, reinventé una práctica de orientación de automasaje a medida (osteopatía y meridianos chinos) y a distancia. Me atreví a anunciar en vídeo mi oferta a través de mi móvil en LinkedIn. 9000 visitas en cuarenta y ocho horas. ¿El resultado? ¡Cien sesiones ofrecidas con un retorno de testimonios conmovedores y alentadores, mucho más allá de mi imaginación! *"Te estoy profundamente agradecida. Me llevaste a un nivel importante profesionalmente"*.

Gracias a **Nicole**, una emprendedora, para quien lo importante es triunfar saliendo adelante con los demás. Ayuda a los empresarios africanos a ganar visibilidad en el mundo y a encontrar financiación para sus proyectos con el fin de desarrollar el continente africano.

*"Sin tu regalo, **Nicole**, con el misterio y la ayuda de la vida que conoce antes que nosotros, nunca habría conocido el Camino del Fuego"*.

Gracias a **Patricia**, responsable de RRHH de gran corazón, apasionadamente humanista, autora de "Teletrabajo, instrucciones laborales". *"Gracias Patricia por publicar un testimonio al día siguiente en LinkedIn"* tras la sesión de 10 minutos impartida a los principales ponentes, durante la velada "Debout Citoyennes" – "De pie ciudadanos" (diciembre de 2018).

Recibí más de cien solicitudes de conexión en veinticuatro horas. Gracias a su testimonio, pude ofrecer un centenar de sesiones de automasaje guiadas y personalizadas, durante el primer encierro, seguidas de testimonios conmovedores.

Gracias a **Anthony**, Heart Coach, de Corazón, ahora radicado en Canadá, a quien apodé mi Ángel Coach de Negocios. *"Antony, incondicionalmente me diste la confianza y la postura adecuada para posicionarme en los negocios".*

Gracias a **Marie–Nicole**: "Rezaste todos los días para que mis sueños se hicieran realidad. Sabes hacerme reír sin importar la dificultad de la situación que estás pasando y la que estoy pasando yo. Tienes el don de nutrir el cuerpo con tu cocina hecha con amor, tu ingrediente principal. También nutres el alma con tu sabiduría y sentido común". A menudo me dices : *"Con tus dedos de hada, si no tienes confianza en ti misma, es una pena".* Atsem, ella era el rayo de sol en las escuelas a las que asistía.

Gracias a **Nicole Marchal**, mi ahora fallecida Mentora, a quien nunca he oído expresar un solo juicio sobre nadie en quince años de compartir. Cuando tropezaba, ella me decía:

"Así son las cosas por ahora".

Un agradecimiento especial a mi mentor **Miguel** y su compañera **Marie–Françoise**. La generosidad de su transmisión, así como su acogida en la casa familiar de Miguel en Gran Canaria es insuperable. Con más de ochenta años, ambos siguen ofreciendo su amable apoyo.

"Vuestro ejemplo, nos permite profundizar la precisión del apoyo en nuestras sesiones. Te agradezco porque sin tu traducción, Miguel, este libro nunca se habría publicado en España."

Gracias a **Régine**, una vieja amiga, conocida gracias a mi mentora **Nicole**, el método Sensitive Massage Camilli®. Su sólido anclaje Tierra-Cielo, su formación, su experiencia como somato terapeuta, su profundo amor por la humanidad, nos permitieron colocar nuestras penas o enojos en total seguridad. Siempre cerramos un taller con una danza creativa y libre.

*"Gracias por tu alegría de vivir y tu humor: esas grandes carcajadas tan liberadoras. No creo que nunca hables "en serio". Eres, junto con **François**, una gran ayuda del destino en mi vida. GRACIAS ".*

Gracias a todos mis profesores de salud integral, profundamente apasionados y dedicados a su vocación.

La **Vida** me ha bendecido al recibir sus **enseñanzas en vivo** desde 1986: Christian Fleche, Dr. Joe Dispenza, Dr. Phong, cardiólogo jubilado de Marie-Lannelongue, Dr. Françoise Thomas, Gérard Saksik, Jean-Claude Guimberteau, Jean-Luc Payrouse, Jean-Marie Michelin, Jean-Paul Rességuier, Liu Dong, Marc Bozetto, Michel Dogna, Olivier Clerc, Respetable

Phakyab Rinpoché, Pierre Tricot, Raymond Branly y Thierry Vandorme, Viola Frymann, Yves Réquéna …

Agradezco especialmente al Venerable **Phakyab Rinpoche** por su bendición. Que las energías de autocuración que Él lleva sean infundidas a través de los escritos de *El Laberinto del Amor.*

Gracias a todos los que "**acompañan**" mi salud desde mi nacimiento hasta hoy, Dr Sylvie Blot, Sylvia Hof, Vanina Morel, Pham Phuong Chin.

Me gustaría agradecer algunos otros **encuentros inspiradores**: André Dan, Anne Masson, Bülent Turan, Cécile Banon, Cristina Marques, Cyril Blanchard, Dr. Philippe Rodet, Hermès Garanger, Joseph Schovanek, Louis Bar, Matthieu Ricard, Maritzabel et Olivier, Nassirath Joachim, Narissa Claude, Olivier Bay, Paola Perez, Philippe Croizon y su esposa, Sonia Choquette, Yannick Alain, Yann Bucaille-Lanrezac, con quien tuve la inmensa oportunidad de compartir preciosos momentos de intercambio.

Gracias a **Yasmine**, mi compañera de "futurización" a quien le auguro con picardía alegre que será la "*JK Rowling*" de una saga sobre África. Un mensaje de esperanza y de mejor conocimiento de este continente para permitir al mundo descubrir sus valores universales de amor a uno mismo y al prójimo, solidaridad y serenidad. Día tras día nos apoyamos con constancia y autodisciplina para mantener viva la visión de nuestra vida feliz realizada al servicio del mundo.

Gracias a **Thierry**, mi generoso jefe, que me apoyó a lo largo de mi carrera en eventos. Como madre soltera, me animó a mantener juntas las dos actividades, la osteopatía y los eventos. Él me inspiró a introducir mi método dentro de las empresas: **contribuir al bienestar en el trabajo y prevenir o aliviar las consecuencias del estrés**.

Gracias a todos mis **ex compañeros de trabajo** por la amistad y los momentos compartidos de ayuda mutua, apoyo y gran trabajo en equipo.

Gracias a **Michel Destruel**, organizador de las marchas de bomberos cada año, con extraordinario talento y energía para galvanizar a su público a experimentar la superación de la creencia: "*No puedo*". Además de esta energía Yang, tiene una energía Yin conmovedora.

En el lugar, vi a los participantes transformarse. Por mi parte, fueron quienes me rodeaban, quienes establecieron el vínculo entre mi caminata sobre el fuego y mis nuevos comportamientos.

Cada vez que la Vida me presenta algo nuevo que hacer, **si mi Corazón dice ¡Sí, lo hago!**

Ya ni siquiera me pregunto si soy capaz o no, ¡lo hago! ¡Experimentar esto es un gran avance!

En 2017, **Michel** fundó la Asociación Mexicana *"Los Niños son Estrellas"*, que ayuda a niños desfavorecidos que viven en favelas mexicanas.

Gracias a **Vishen**, quien creó la plataforma Mindvalley para llevar la sabiduría y las experiencias de seres inspiradores a la mayor cantidad de personas posible.

Un agradecimiento especial a **Célia**, mi compañera de apoyo para los estudiantes de Mindvalley, *"Gracias, me presentaste el Diseño Humano y caí en él como Obélix en el caldero"*. Conocerse a uno mismo es una herramienta divina, inspirada y excepcional. La historia de su fundador lo confirma.

> **Conocerse a uno mismo para comprenderse permite no hacerte daño a ti mismo ni juzgar ni herir a los demás.**

Gracias **Esther**, *"por tu confianza, y por pedirme que ayude a las mujeres a reconciliarse con su Cuerpo, su Corazón y su Cerebro a través de mi automasaje guiado"*. En su taller "Reina Sublime Liberación y Renacimiento" reconecta a las mujeres con su poder interior y las libera de bloqueos emocionales y dolores.

Gracias **Betty** *"Tu lealtad y apoyo incondicional en la experiencia financiera que finalmente no me convenía, me permitió encontrar una conciencia aún más tranquila sobre mi verdadero deseo"*.

Gracias a **Mariam**, creadora de la cumbre "***Prosperar como femenino***". Vive en Burkina Faso y ayuda a "mujeres activas a recuperar la estabilidad mental y emocional". Ella me hizo el honor de ser una de sus oradoras en su primera Cumbre en línea.

Gracias a mis socios de trabajo y conserjería, **Christine, Charlotte, Céline, Coralie, Christel, Isabelle, Kristell, Marie–Jo** que trabajan para que yo pueda ofrecer bienestar a sus equipos, a sus clientes o a sus residentes.

Gracias a **Kimli**, una mujer apasionada y excitante, cuyo improbable encuentro, organizado por nuestras almas, pudo hacerse realidad. Este fue el comienzo del descubrimiento del Feng Shui adaptado a mi lugar de vida y de un reencuentro con la cultura asiática. Tiene el don de detectar exactamente en el plano las fortalezas y debilidades de nuestro lugar de vida. Kimli es coautor del libro *"El espíritu de enriquecimiento según la cultura china"*.

Gracias a **Nordine** por su amistad. Me presentó las enseñanzas de Kevin Trudeau, Esther y Jerry Hicks. Es coautor de "Las series de nuestra infancia", un libro que recorre las series de televisión de nuestra infancia.

Gracias **Sabine**, *"Me presentaste los aceites esenciales de alta calidad Do Terra, una empresa ética vinculada a acciones humanitarias".*

Sabine fundó la red **"Yo encarno QUIEN SOY".** Su misión constituye un camino de curación: pasar de lo herido a lo Sagrado y así transmitir convirtiéndose en puerta para curarse a uno mismo.

Gracias a mis **amigos** y amigas con quienes comparto la riqueza de nuestras diferencias.

Gracias a mis **Ancestros** que me miran desde donde están.

Gracias a mi **Abuela niñera,** que me brindó su cariño hasta los seis años. Con su bisnieta estábamos separadas por seis meses. Ella me legó **el valor del Amor Cristiano.**

Gracias a mi **prima-hermana** que me cuidó desde que nací cuando ella solo tenía diez años. A petición de mi madre, que murió dos semanas antes de mis catorce años, ella se aseguró de cumplir su promesa contra viento y marea: criarme social y espiritualmente. Le agradezco todo el tiempo de su vida que me dedicó y por su transmisión. Vivió una vida difícil y al mismo tiempo muy rica.

Gracias a mi **Abuela,** mi **Madre** y mi **Tía** que me enseñaron el vietnamita, a mi regreso a mi familia de origen a los seis años, y **me transmitieron la filosofía y sabiduría de las tradiciones budistas.**

Gracias a mi **Padre Biológico** que regresó a Vietnam antes de que yo naciera. Sin embargo, me siguió en lo secreto de su corazón sin haberme visto ni conocido jamás.

Me envió un libro para felicitarme por mi éxito en mi bachillerato. Le dio mi primer nombre Minh–Tâm a su segunda hija.

Mi **Padre** amaba a mi madre en silencio y nunca logró superar el peso de las tradiciones y creencias. Fue una fuente de sufrimiento tanto para él como para mi **Madre**.

Gracias a mis dos primeros maridos, a mi hijo, a su pareja, a mis sobrinos, **siempre discretos en su amor.**

Gracias a todos los **millonarios conocidos o anónimos** que he conocido, algunos de los cuales han recibido mis sesiones. Me devolvieron la fe en la bondad y la humanidad posibles en los ricos. **No olvidan dónde empezaron**: desde orígenes modestos, desde un viaje de personas sin hogar o empresarios en quiebra hasta convertirse en millonarios.

Gracias a todos mis **Pacientes** que han escuchado la llamada de su cuerpo. Confiaron en mí siguiendo su intuición y, sobre todo, aceptaron escuchar los susurros o gritos de su cuerpo para encontrar la **Magia** de lo **Divino** dentro de **Ellos**.

Gracias a toda mi red de **LinkedIn** que me apoyó en el descubrimiento de esta red profesional.

Un agradecimiento especial a **Joël**, poeta de gran sensibilidad, que escribió un poema sobre el cuerpo para mi sitio.

Gracias a todos los **Mentores, conocidos o anónimos**, cuyas conferencias o escritos me impactan un poco, mucho o apasionadamente, según mi grado de acogida y apertura del momento a sus mensajes.

Gracias a mis **encuentros** en el **Camino de Santiago**, que evolucionaron en amistad: **Christine, Xenia, Roland, Anna…**

Un agradecimiento especial a **Christine**, amiga del Camino, primera oyente. *"Tu regreso me llenó de gratitud, profunda alegría y emoción. Me dio el impulso y la confianza para llevar a cabo mi proyecto"*.

Un agradecimiento especial a **Francis**, primer lector, tocado personalmente por la magia de escribir inspirado en la Vida. *"Gracias por su alegre amistad, su inquebrantable entusiasmo y su fervor por la publicación del libro"*.

De asombro en asombro,

La vida florece

~Lao Tseu~

¿Quién o qué evento asombró tu vida?
¿En un instante, en un minuto o por la eternidad?

El Laberinto del Amor

Algunos autores entre otros que me inspiraron

Lynda Bunnel et Ra Uru Hu, «*Human Design. Le livre référence du Design Humain, la Science de la Différenciation*».

Antoine de Saint Exupéry, «*Le Petit Prince*»

Paulo Coelho, "*L'Alchimiste*". Lo que me llamó la atención fue la historia de este comerciante que "sueña su sueño" en lugar de vivirlo y nunca hará el peregrinaje a La Meca.

Krishnamurti, «*La Première et dernière Liberté*»

Khalil Gibran, «*The Prophet*».

Phakyab Rinpoché, «*La méditation m'a sauvé*».

Dr Jill Bolte Taylor, «*Voyage au-delà de mon cerveau*».

Gérard Saksik et Christian Flèche «*Cris et Murmures du Corps*»

Dr Danièle Flaumenbaum, «*Femme désirée, Femme désirante*». Precioso para la educación de la feminidad.

Arlo Wally Minto, «*La roue des Relations*». Arrojando luz sobre nuestras diferentes formas de expresar nuestro amor hacia los demás o los demás hacia nosotros. Podemos ir por la vida sin sentirnos nunca amados.

Don Miguel Ruiz, «*Les 4 Accords Toltèques*».

Olivier Clerc, «*Le Don du Pardon*».

Marshall Rosenberg, «*Les mots sont des fenêtres, ou bien ils sont des murs*».

Pierre Pelissier, «*Sept Graines de Lumière dans le Cœur des Guerriers*». Comprenda las "palabras de pared" y las "palabras de ventana". Cómo "no ser ni felpudo ni erizo".

Dr Steven R. Grundy « Découvrez le Paradoxe des Plantes »

Lucie Bernier et Robert Lenghan «*La Technique des petits Bonhommes Allumettes*».

YouTube de Jacques Martel «*Méthode des Bonhommes Allumettes*».

https://youtu.be/Slg8jZY2Hd4?si=-gJsY57KPWmMDv1d
https://youtu.be/aEgNZKZ76Kw?si=1CMFf1KD_ZzYQZUg

Gérald Vignaud «*La Voie Minoritaire*» Exceller grâce à sa différence. «*L'Ecole c'est important mais l'Education c'est primordial*».

Yannick Alain «*Les Gentils aussi méritent de réussir*».

Anne Givaudan et Daniel Meurois, «*Les 9 marches*», «*Le Peuple Animal*».

Olivier Manitara «Message *de la Mère du Monde aux Femmes qui s'éveillent*».

Françoise et Denys Godin «Travail *avec des Maîtres Instructeurs*».

Terre Unsoeld et Fabien Maman «Les *Couleurs et le Chemin de l'Âme*».

Rosa de los Vientos A Coruña Galicia

Sobre la autora

Micheline Minh–Tâm (Corazón Iluminado), vietnamita nacida en París, es una idealista apasionada.

En 1968, a la edad de 13 años, trabajaba todas las noches y los fines de semana en el primer restaurante vegetariano vietnamita de París, abierto por sus tíos en el barrio de Montparnasse. Naturalmente, se encuentra en contacto con una clientela extraordinaria: artistas, escritores, fotógrafos, filósofos, teósofos, investigadores...

Lo que siguió fue una mentalidad abierta y un interés por la salud natural, pero a quienes la rodeaban no les interesaba. Demasiado curiosa por la Vida y la Humanidad para elegir un solo camino, le apasionan las lenguas extranjeras, la psicología, la teosofía, la infancia, la salud y las relaciones de ayuda.

Profesionalmente atípica, desempeña dos actividades en salud y eventos. A los 62 años, decide darle sentido y plasmar mejor su poema escrito cuando tenía 13 años.

"Vivir es Crear,
Crear para transmutar el sufrimiento.
Crear felicidad para honrar la Vida.

Desde 2018, Micheline practica su método suave de masaje y automasaje guiada a medida, que combina la osteopatía de los tejidos neurocutáneos, los meridianos chinos y la escucha sensible de los susurros del cuerpo.

Trabaja en empresas, oficinas y a distancia para el automasaje adaptado a la persona en cada momento.

Su práctica tiene como objetivo reconectar nuestro cuerpo, liberar nuestro corazón y calmar nuestro cerebro, ayudando a cada uno a iniciar o profundizar su propio camino de paz y amor a sí mismo.

Su viaje la lleva a reconciliarse con lo Divino dentro de ella, inspirando su libro testimonial.

El laberinto del amor

"Amarse, amar y dejarse amar por sí mismo,
Por el Otro y por la Vida Misma …

Descubra su práctica:
www.michelinephan.com

Todos los derechos de autor de este libro pertenecen a esta Asociación Amigos del Camino de Santiago por Valdeorras, su Présidenta Asunción Arias Arias a la que deseo dedicar mis derechos de autor: https://www.caminodeinvierno.es/fr/home

Todo es perfectible

Este libro lleva mi nombre. Tanto su publicación como su versión audiolibro son en realidad fruto del trabajo de muchas personas.

Sin su aportación nunca hubiera llegado a tus manos.

Como todo es mejorable, vuestros comentarios, críticas y sugerencias son bienvenidos.

Señale cualquier error tipográfico; ayudará a que este sea un trabajo más logrado para futuros lectores.

Gracias de antemano por su valiosa colaboración.

En cualquier campo, la perfección finalmente se alcanza no
cuando no hay nada más que añadir
sino cuando no hay nada más que quitar.

~Antoine de Saint Exupéry~